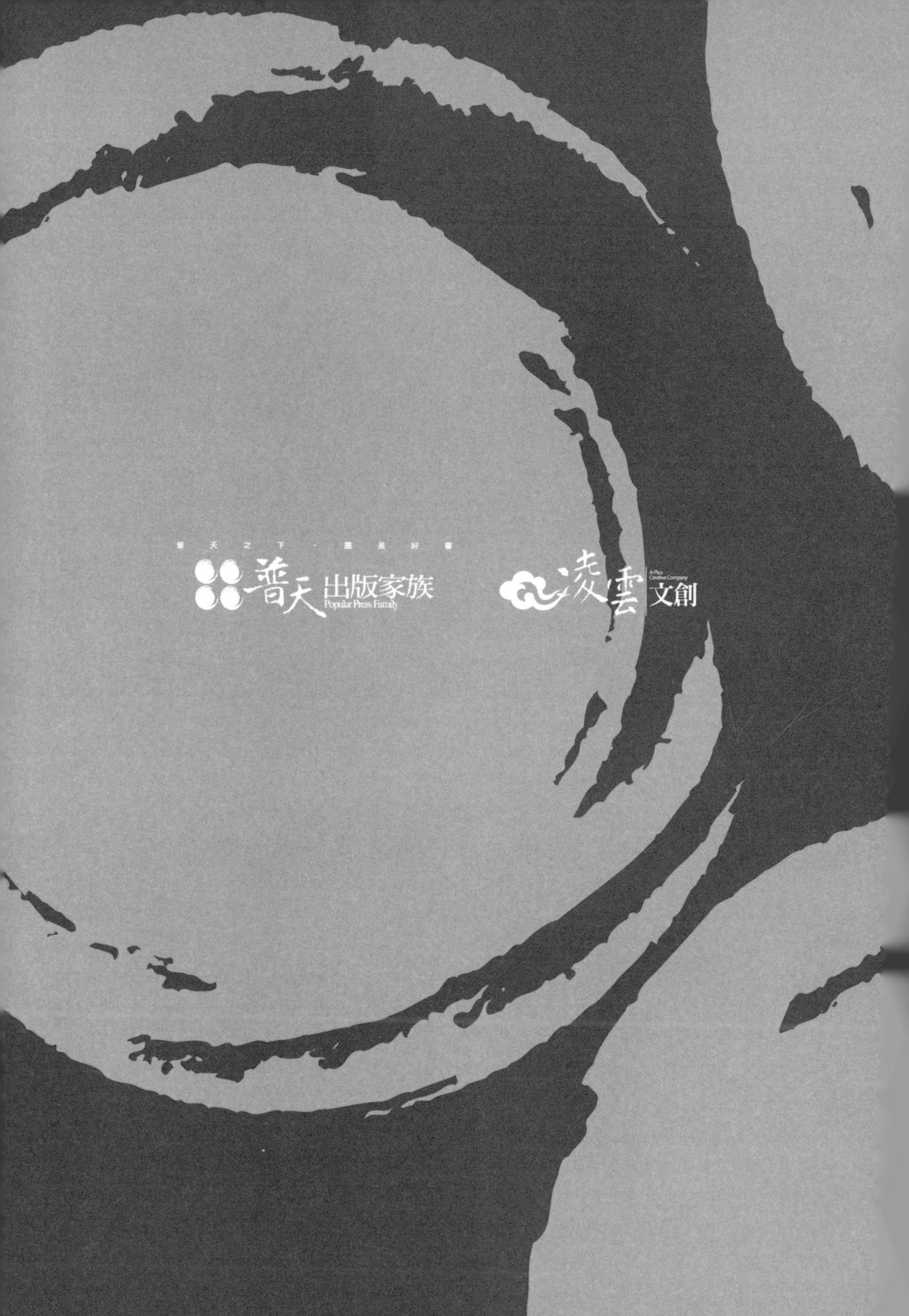
普天之下・盡是好書
普天出版家族
Popular Press Family
凌雲
A-Plus Creative Company
文創

屠格涅夫曾說：

你想成為幸福的人嗎？

那麼你首先必須學會感謝讓你吃苦的人。

文蔚然——編著

確實如此，人生過程中，遭受折磨、欺騙、壓榨，其實並不全然是壞事，
因為，唯有經歷過這些遭遇，人才能累積豐富的人生經驗，讓自己心思更細膩，個性越堅強。
因此，如果有朝一日，你可以功成名就，絕對不要忘記感謝那些讓你討厭的人。

• 出版序 •

用感謝的心情，面對不如意的事情

信念的力量確實驚人，但這就是生命原有的求生意志，只要願意，同樣的積極振作能量自然會出現在你我身上。

俄國文豪屠格涅夫曾經說：「你想成為幸福的人嗎？那麼你首先必須學會感謝讓你吃苦的人。」

確實如此，人生過程中，遭受折磨、欺騙、壓榨，其實並不全然是壞事，因爲，經歷過這些遭遇，人會累積豐富的人生經驗，讓自己心思更細膩，個性越堅強。

與其整天戒慎惶恐，一味閃躲，還不如抱持著感謝的心情，把那些自己討厭

的人事物，當成自己奮發向上的跳板。

其實，贏家與輸家的差異就在於各自用什麼心態看待那些不如意的事。

贏家通常懂得用感謝的心態面對每件折磨自己的事，因爲他們知道沒有折磨，自己就不會有所成長。

至於輸家則是總是會用抱怨的心態逃避折磨自己的事，導致讓折磨變成自己人生最痛苦的事。

任何人都有可能遇上失敗挫折，也都有機會遭遇失意，問題是，大家的境遇相似甚至相同，爲何會有不同的結果？

原因並不難解釋，因爲每個人的意志決心不同，所以有不同結果。

其實，遇上難題時，只需要問一問自己：「爲什麼別人能，而我不能？」不把時間浪費在怨天尤人上，勇敢面對錯誤，積極地找出問題予以解決，自然能繼續於成功之路前進。

來自波士頓的梅西，離開海運業後返回家鄉開了間雜貨店，但時運不濟，事業並不順利，經商一再失敗，只好另謀出路。

這年淘金熱起，梅西決定到加利福尼亞開間小餐館，他設想著絡繹不絕的人潮，認定這是穩賺不賠的買賣，未料四面八方湧入的淘金人潮並未帶來錢潮，不久之後餐館倒閉，梅西只好背起行囊回家。

也許挫折經歷多了，反而更讓人明白那沒什麼，只見梅西一再面對失敗，也一再地迎向挫折，鬥志越來越高，滿懷信心地尋找新的謀生機會。但他還是失敗了，甚至連老本也賠光光。

面對可觀的債務，梅西認真想著：債始終得還，人生路總還是得走下去。於是，他決定再站起來，繼續面對多變的人生經歷。

也許是時機到了，這一回，他來到新英格蘭從事布匹服裝生意，原本不抱太大期望，沒想到卻十分成功地跨出了腳步。雖然一開始並未豐收，但慢慢累積，也慢慢地投入、深入，事業漸有所成，最終開立了著名的百貨商店。自此，梅西一步步走向百貨龍頭的寶座。

相似的情況也曾在保羅．高爾文身上發生。

第一次世界大戰後，高爾文自軍隊退伍，來到某間電池公司上班。但不知道為什麼，無論他們怎麼努力，產品始終無法打開銷路。

有一天，高爾文外出吃午餐，返回卻見大門被上了鎖，這才知道公司被查封了，同時他也失業了，甚至連那件被掛在椅子上的大衣也無法拿走。

第一個阻礙出現，對高爾文來說確實是不小的打擊，但日子還是得走下去，於是他找來朋友們合作生意。

由於當時收音機十分受歡迎，因此他以販售收音機為目標，並期許自己能在這個產業闖出一片天。

此外，高爾文還將收音機使用的能源視為經營重點，積極研發能取代電池的能源。雖然這構想不錯，也真的找到了替代方式，但不知何故，產品還是打不進市場，營收每況愈下，終至逼他們得關門大吉。

「不行，我不能就這麼結束！」

高爾文轉念一想，決定另謀生機，透過郵購銷售來招攬客戶，生意漸有起色。當手中累積了一筆錢後，他們開始專心研發專業的整流器。以為從此能一路順風，沒想到好光景只有三年，最後還是面臨破產絕境。

面對茫茫未來，高爾文返回家中，看著妻兒，再想著那近三百七十四萬美元的債務，禁不住感到透不過氣來。

「不行，我不能就這麼結束！」

同樣一句話再次在他心中響起，高爾文沒有停止努力，雖然日子將更辛苦難過，但他相信自己一定能走過這一關。

高爾文最終如何，聰明的你不難猜著，是的，他和梅西一樣，都相信只要不放棄，總能走過各種生活難關，終至成功。其中關鍵不在於環境變化與否，而是他們堅定地相信自己一定能克服萬難。

那麼，同樣生活在困厄中的你我，從這兩個人物身上，是否也學習到了一些道理，或得到了一些力量呢？

不管現在處境如何，記得，千萬別放棄自己。

看看梅西與高爾文，他們不也是一路跌跌撞撞，失敗又失敗，但他們從未放棄自己，更沒有埋怨失志，滿腦子想著的只有「繼續努力」。信念的力量確實驚人，只要願意，同樣的積極振作能量自然會出現在你我身上。

法國文豪羅曼羅蘭曾說：「累累的心靈創傷，就是生命給你的最好東西，因為，每個創傷上面都標誌著邁向成功之路的記號。」

生命不可能沒有創傷，人生不可能都是坦途，不要老是抱怨爲何生命中會出現那麼多討厭的人，而要試著把這些人當成另類的貴人。

遇到令人討厭的人事物，唯有換個角度看待，才不至於讓情況繼續惡化，也才能在面對過程中激發出正面能量。

隨時告訴自己「堅持下去」，也隨時勉勵自己「不能放棄」。習慣保持積極活力的狀態後，我們肯定能和高爾文一樣，時時轉念，走出糾結。習慣保持樂觀正面的態度，我們自然能像梅西一樣越挫越勇，無視困境阻礙，以輕快的腳步走向成功之路。

出版序 用感謝的心情，面對不如意的事情

PART—1 認真生活，就不會老是退縮

應該知道自己在做什麼，無論我們付出多少，只要每次付出都是用生命去體驗，就應當好好珍惜。

PART—2

無法一路順風，就想辦法面對逆風

在你我身上有許多可利用的工具，沒了雙手、沒了雙腿，總還是有腦袋可運用，看不見、不能說話，至少還有辦法傾聽。

PART—3

凡事全力以赴，好運自然眷顧

想要有出頭的機會，光是能力強是不夠的，也必須要有表現的機會，不排斥做分外工作，或許就能在無形中替自己創造好運。

PART—4

奮力向前跑，就有機會奪標

成功與失敗的分野就在於願不願意加倍付出，別害怕輸在起跑點，只要沒有人抵達終點，我們就還有機會奪標。

PART— 5

從失敗的原因裡聽見自信的聲音

把跌倒的原因找出來，如此才能真正把問題解決、真正地把弱點補強，然後大棒一揮，自信地揮出漂亮的全壘打。

PART—6

大方表達心中的想法

我們永遠也無法預料到即將遇到什麼，因此我們隨時都要把握機會表現自己，全力展現自己的創意。

PART—7

別灰心，因為你一定行

聰明人都知道，只要不抱著垂頭喪氣或自私放棄的心態，即使前方出現大石阻擋，還是能氣定神閒地找到前進的出口。

PART—8

活得積極，人生就精采可期

命運從不捉弄人，那些挫折與困苦其實是必然的磨練，只要一步接著一步地用心走過，成功的奇蹟一定會降臨在我們的身上。

PART—9

否定他人不是肯定自己的好方式

既然認為自己也有成功的機會，眼前應該做的不是批評，而是積極振作，讓所有人看見你的真正實力。

PART—10

怎麼希望，生活就怎麼發熱發光

歡笑或是悲觀，從來都是由自己決定，苦悶或樂觀也是由自身選擇，簡單來說，生活主控權就在你我手中。

PART—11

運用智慧，活用眼前的機會

大多數人不知道自己到底想要些什麼，即使立即滿足了需求，最後還是會因缺乏宏觀的視野，讓生活不斷地出現紕漏。

1. PART

認真生活，就不會老是退縮

應該知道自己在做什麼，
無論我們付出多少，
只要每次付出都是用生命去體驗，
就應當好好珍惜。

你也可以成為生活的最佳主角

無論老天爺給予我們多麼艱困的阻礙，只要決心克服它，即使聽不見、看不見，我們也能實現心中的夢想。

人生眞正需要的東西不是好運氣，而是積極的生活態度。生活遭逢困境絕不是退縮的藉口，條件不好更不是停滯的理由，如果連一位聾人都能成爲最佳女主角，那麼我們就沒有理由埋怨命運不公。

成功當然不會是個偶然，也不是碰運氣的結果，遇到難得機會而備受肯定的瑪莉．麥特琳印證了這一點。

第五十九屆奧斯卡金像獎頒獎典禮進行之時，在激動的氣氛帶動下，典禮一步步地接近高潮。

當主持人宣佈，瑪莉．麥特琳在〈悲憐上帝的女兒〉中表現出色而拿下最佳女主角獎，全場立即響起如雷的掌聲。隨即瑪莉．麥特琳在掌聲和歡呼聲中快步上台，並從威廉．赫特手中接過奧斯卡金像獎座。

看得出來瑪莉．麥特琳十分激動，有很多話要說，只見她扯動了一下嘴角，接著把雙手舉高，開始打起手語。

原來，新科影后不僅無法說話，而且是個聽不見的聾人。

其實，瑪莉剛出生時是一個健康正常的孩子，不過十八個月之後，一場高燒奪走了她的聽覺和說話能力。

但是，這位聾啞女孩對生活卻充滿了熱情。從小就喜歡表演的她，八歲時便加入了聾啞兒童劇院，九歲便正式登台表演。十六歲那年，瑪莉離開了兒童劇院，雖然失去了表演舞台，但她並不氣餒，主動參與各種表演機會，特別是聾啞兒童的慈善義演。

從中，瑪莉更認識到自己生活的價值，努力地克服自卑的心理障礙，並充分地利用這些演出機會，提高自己的表演技巧。

十九歲時，瑪莉終於爭取到舞台劇〈悲憐上帝的女兒〉的表演機會，雖然只是分配到一個小角色，但是這個小角色卻讓她有機會登上大銀幕。

當時，女導演蘭達．海恩絲決定將〈悲憐上帝的女兒〉拍成電影，四處尋找適當的女主角人選，卻始終都找不到令她滿意的演員，一直到她看完了瑪莉在舞台劇〈悲憐上帝的女兒〉的錄影後，才驚呼道：「就是她了！」

從小角色到女主角，瑪莉也終於實現了心中的夢想，用實力爭取到機會，並再次讓人們肯定她的表演天分。

電影裡，女主角一句台詞也沒有，全靠豐富的眼神、表情和動作來表現心中的矛盾與複雜的內心世界。無論是自卑與不屈的精神，還是喜悅和沮喪的臉龐，瑪莉都表演得入木三分。她用心學習與表現，十分珍惜這個表現機會，對於瑪莉專業的態度，與她合作過的伙伴無不稱讚。

就這樣，瑪莉．麥特琳真的成功了，成為美國電影史上第一位聾啞影后的她，

最後一個手語想表達的是：「我的成功，相信對任何人，不管是正常人，還是殘疾人士，都會是一種鼓勵。」

無論老天爺給予我們多麼艱困的阻礙，只要決心克服它，即使聽不見、看不見，我們也能實現心中的夢想。

面對乖舛的命運，瑪莉從不認命，即使只是個小女孩，她也知道，認真與執著是成功的不二法門。看著她從兒童表演劇團裡確定自己的人生方向，到積極地實踐心中夢想，我們也再次相信「成功絕非偶然」。

在瑪莉的手語裡還告訴我們：「我都成功了，你為什麼不能？機會在你手中，為什麼要輕易放棄？真有那麼難嗎？快站起來吧！」

未來要靠我們自己去拓展，絕佳機會也要積極的行動力來配合。只要你再認眞一些、積極一些，也可以成爲生活中的最佳主角！

給自己一個積極前進的好理由

面對阻礙，有些人會激勵自己越挫越勇，不達目標絕不放棄；另一些人則一遇阻礙便急著退縮，而且總有許多理由解釋推託。

生活的確需要很多理由，只是大多數人的理由不是用來鼓勵自己，而是爲自己找退縮、放棄的藉口。

相反的，對於樂觀進取的人來說，好的藉口是用來舒緩壓力與反省失敗的方法，好的理由則是他們勇敢前進的最佳助力。

遇見困難時，你會給自己什麼樣的理由？

從小就熱愛音樂的小約翰史特勞斯，一直在充滿阻力的音樂路上前進，雖然他的父親也是從事樂團指揮工作，但卻一點也不支持小約翰史特勞斯，對他來說這是條不歸路，他不希望孩子步入自己的後塵，更不相信孩子會在這個領域闖出什麼名堂，因為他自身的情況可以證明這一切。

但是，熱愛音樂的小約翰史特勞斯卻怎麼也不肯放棄，雖然家庭的阻力很大，可是他一點也不屈服，反而更加積極地朝著自己的夢想目標前進，他堅持：「我只想在自己鍾愛的音樂裡生活，那才叫人生！」

秉持著這份執著，勤奮學習的小約翰史特勞斯，在熱忱與興趣支持下，迅速地成為樂壇的另一顆新星。

有天，受到各方矚目的小約翰史特勞斯與父親進行比賽，他們各自帶領著樂團出場，最後結果是小約翰史特勞斯獲勝。

第二天，維也納的報紙上刊登了一個斗大的標題：「晚安，老約翰史特勞斯；早安，小約翰史特勞斯！」

這是意指小約翰史特勞斯的父親已經老了，而正值年少的小約翰史特勞斯如朝陽初升，必定會獲得更大的成就，面對這些的評論，老約翰史特勞斯也不得不承認自己的音樂熱情與成就比不上兒子。

在這場比賽過後，他轉而全力支持兒子的選擇，不斷地鼓勵他：「孩子，你一定能闖出名堂！」

有了家人們的支持，小約翰史特勞斯再也沒有後顧之憂，更加積極努力，接連創作了人們耳熟能詳的〈藍色多瑙河〉、〈維也納森林的故事〉和歌劇〈蝙蝠〉等作品，後人將小約翰史特勞斯這一段輝煌時期稱之為「金色世紀」，還推崇他為「圓舞曲之王」。

當阻力出現時，你是否也能像小約翰史特勞斯一般堅持到底，你是否知道該如何說服否定你的人呢？

因爲熱情也因爲執著，面對重重阻礙，小約翰史特勞斯未曾有過放棄的念頭。爲了能實現人生目標，對於家人們的第一重阻力，他只能積極地爭取好成績來證明自己的能力。

有付出就一定會有收穫，當小約翰史特勞斯的表現超越了父親，父親這才知道兒子的熱情與天分，也終於知道孩子有著自己的夢想要實現，一如當初自己的築夢過程一般。

我們心中都有夢想，希望有一天能排除萬難實踐它，然而面對阻礙的態度，有些人會激勵自己越挫越勇，不達目標絕不放棄；另一些人則是一遇阻礙便急著退縮，而且他們總是有許多理由解釋推託。

小約翰史特勞斯勉勵自己奮鬥不懈的理由是：「我的人生除了音樂再無其他，不管什麼阻礙，都不能讓我放棄生命的原動力，少了音樂，我的人生將不再精采！」

這是小約翰史特勞斯要求自己積極前進的動力，不知道你給自己繼續前進的理由是否充足呢？

用樂觀的心態面對未來

雖然失敗的經驗很痛苦，面對挫折的滋味也並不好受，但只要我們對自己有信心，就一定能看見生活中的每個機會。

即使面對前所未見的人生風暴、經濟災難，人只要還活著，就必須積極適應環境，樂觀地改造自己的命運。

作家毛姆曾經寫道：「一個人要是跌進水裡，他游泳游得好不好，是無關緊要的。反正他得掙扎出去，不然就得淹死。」

日子難過，不一定是你的過錯，但是，如果想渡過眼前的難關，你就必須試著改變自己的生活。改變或許要面對層層考驗，但只要你願意嘗試，就能拓展生

命的深度和寬度，不再活得那麼痛苦。

風颳得再強，還是會有平息的時候，雨勢再猛烈，最終還是會停歇。只要我們不失去信心，樂觀以對，就能耐心等到風平浪靜，便能再度揚帆，繼續尋找夢想中的蔚藍海岸。

剛加入行銷界的吉拉德遭遇多次拒絕之後，沮喪的情緒已經到了頂點，所幸妻子一再鼓勵他：「老公，你不妨想想結婚那時我們不也一無所有嗎？很快地我們便擁有了一切，如今，我們只不過又回到新婚初期而已嘛！放心，我對你很有信心，你一定會成功的！」

一直處在失意中的吉拉德，聽完妻子的話後，精神果然為之一振，點點頭說：「沒錯，我怎麼會因為一點挫折就失去信心了呢？我一定要有信心，我現在要找回屬於我的機會！」

重整心情後，吉拉德自信滿滿地來到底特律一間汽車經銷商，對經理哈雷先生說：「請讓我加入您的公司吧！」

經理為難地看著吉拉德，接著便問：「你做過汽車推銷工作嗎？」

「沒有。」吉拉德誠實地回答。

經理訝然地說：「沒有？那你憑什麼認為自己可以勝任？」

吉拉德認真地說著：「因為，我曾經推銷過其他東西，像是報紙、房屋和食品……等等產品。」

「就這些？」經理質疑地問道。

「這些就夠了，因為人們真正買的是我，我其實是在推銷自己！哈雷先生！」

吉拉德自信地回答。

經理笑著說：「不過，現在正值嚴冬，也是銷售淡季，如果我僱用你，恐怕會受其他人責難，再說，這裡已經沒有足夠的暖氣房間給你使用了。」

吉拉德嚴肅地回應：「哈雷先生，您不僱用我將是你的損失，至於其他問題您一點也不必擔心，因為我不會去搶其他推銷員的生意，也不需要什麼暖氣房，只要給我一張桌子和一支電話就夠了。只要您肯僱用我，我保證，兩個月內我將刷新您最佳推銷員的紀錄！」

哈雷先生看著充滿自信的吉拉德，終於點頭答應，也真的只給吉拉德一張滿是灰塵的桌子和電話，工作地點就在樓上的一個角落裡。

就這樣，吉拉德開始了他的汽車推銷生涯，他給哈雷先生的承諾，更是不到兩個月的時間內圓滿達成。

因爲妻子的相信與承諾，我們看見吉拉德發揮潛能，我們也明白了，自信與機會的因果關係。

失敗的時候，你是否也像吉拉德的妻子一般，總是這麼告訴自己：「如今只是回到當初的原點，接下來我們也無須想太多，當初怎麼開始的，今天我們再重新來過，只要我們相信自己，就一定能再把成功找回來！」

人生眞的有很多可能，也許我們會不斷地回到原點，不斷地重新開始。雖然失敗的經驗很痛苦，面對挫折的滋味也並不好受，但只要我們對自己充滿信心，就一定能看見生活中的每個機會。

只要我們能堅強走過，最後一定能找回屬於自己的未來。

法國文豪羅曼羅蘭曾經勉勵身陷困境的人：「只有把抱怨環境的心情，化作奮發向上的力量，才是成功的保障。」

樂觀可以讓精神充滿朝氣，對未來充滿希望，不論置身如何不堪的惡劣環境，不論景氣如何，都必須樂觀以對，才能獲得更多改變現況的機會。

壯志與熱情是夢想的羽翼，自信與堅韌是成功的階梯，只有對生命抱持著積極樂觀態度的人，才能穿越荊棘遍佈的人生道路，渡過眼前的難關，開創璀璨的未來。

充實好你的能力再上路

在這次表現機會中，如果實力累積不夠反而讓自己頻出狀況，甚至最後變成出醜，那麼你錯失的機會將不只這一次！

在每一次發揮的機會中，我們有多少能力可以展現，除了我們自己，沒有人知道。如果明知自己表現不夠好，不如現在就認眞檢視自己，先好好地充實自己的能力後再說吧！

人生的機會不多，我們絕對不能輕易地浪費任何一次難得的機會，每一次上場都務必力求最佳表現。

一場大規模音樂會的主持人親自向瑞士鋼琴家塔爾貝格邀約，希望大師能夠撥出時間蒞臨表演。

塔爾貝格微笑問他：「請問演奏會什麼時候舉行？」

主持人回答：「下個月一號。」

沒想到塔爾貝格聽到後，卻推辭說：「對不起，如此一來練琴的時間一定不夠，我無法參與這場盛會了。」

主持人一聽，不解地問道：「這個……請問，以大師您的造詣，還需要很多時間練習嗎？」

塔爾貝格聽見主持人這樣問，吃驚地回答：「當然要啊！因為我想演奏一些新曲目，但這些新曲目至少需要一個月的練習時間。」

主持人又問：「三天時間不夠嗎？平常的音樂家準備一場演奏會也只要四天左右，像您這樣優秀的音樂家怎麼需要那麼多時間呢？」

塔爾貝格搖了搖頭說：「你怎麼會這麼想呢？我每次發表新作品時，至少要練習一千五百次，否則我根本不敢出場表演！我一天大約要練習五十次，所以至

少需要一個月的時間。如果你願意等一個月，我就可以答應你出席表演，否則無論你怎麼說，我都會拒絕這次邀約。」

因爲對演奏的責任感，也因爲堅持要讓每一個音符都能完美呈現，所以塔爾貝格堅持一個月的練習時間。

對他來說，實力比機會更爲重要，也更相信，只要能表現完美，即使表演機會只有一次也已經足夠。

這正是大師級的音樂家與普通琴師的不同處。一個只練習幾天的琴師與力求完美表現的音樂家，聽衆一聆聽，一定能輕易分辨其中的不同吧！

如果還不知道怎麼樣求得成功，仔細想一想大師在故事中訴說的主旨：「踏實地累積實力，力求完美表現，你的名聲自然會永不墜落。」

當你得到表現機會，別忘了，在這次表現機會中，如果實力累積不夠反而讓自己頻出狀況，甚至最後變成出醜，那麼你錯失的機會將不只這一次！

實力是堅持的重要支柱

你可以堅持己見，並在行動後證明自己的判斷正確，但前提是，你必須為自己的堅持負責。

你的意見總是得不到別人認同嗎？

其實，不管哪一種組合，講究的都是實力原則。想讓自己的意見得到認同並不難，只要你的能力能獲得人們的肯定，自然而然就會表現出積極行動的勇氣，並以十足的信心發表自己的看法。

只要有了信心與勇氣的支持，無論多麼頑固的對手都一定會被你說服。

生長在軍人家庭的麥克阿瑟，從小便立志成為偉大的軍人。

一九四四年六月，麥克阿瑟擔任太平洋戰區總司令時，美軍已經完全控制了新幾內亞和馬來西亞群島。就在他們開始研商下一步的作戰目標時，麥克阿瑟與海軍將領們的意見竟出現了嚴重分歧。

參謀長聯席會表示：「海軍上將哈爾西建議先繞過菲律賓，然後攻取台灣，這樣才能早日進攻日本，加快戰爭的進程。」

但是，麥克阿瑟卻說：「不行，我們要先攻取菲律賓。」

雖然麥克阿瑟知道，白宮方面一致傾向繞過菲律賓這個方案，其中包括總統和陸軍參謀長等人，但是他仍然堅持自己的意見。爭執到最後，甚至有人說他想拿自己的職位來開玩笑。

但是，他認為：「想加速攻取日本根本行不通，繞過菲律賓直接攻取台灣更是軍事戰略上的錯誤範例！」

當時的太平洋海軍司令尼米玆也贊同大多數人的意見，認為繞過菲律賓進攻台灣的方案較好。

然而，在麥克阿瑟強烈要求下，羅斯福總統不得不親自飛到珍珠港召開緊急會議，當面聽取他的意見。

麥克阿瑟在會議上據理力爭，說道：「不奪取菲律賓，我們就會被日本完全封鎖，結果反而會使菲律賓陷入孤立，如果我們不能立即進攻菲律賓，那不僅會讓美國背黑鍋，更將失去東南亞人民的信任。」

羅斯福、尼米茲和頑固的海軍上將哈爾西等人，最後都被麥克阿瑟說服，尼米茲承認他「莫名其妙地放棄了自己的計劃」，答應全力支持麥克阿瑟所需的運輸補給和海軍支援。

獨排眾議的麥克阿瑟，不僅讓人們相信他的論點，更在這場戰役中充份展露他的軍事才能，最後獲得五星上將殊榮，可說是實至名歸。

凡事能夠堅持己見的人，大多數都很清楚自己的目標。在他們身上，我們不僅看見了他們的樂觀、自信，更會聽見他們深具遠見的計劃。

就像麥克阿瑟將軍展現的典範，只要我們確信自己的判斷無誤，知道自己確

實有能力執行計劃，就要勇於爭取機會。因爲，機會可能只有一次，錯過了恐怕再也無法取得。

凡事都是一體兩面，無論正反，我們都應當細心考量，畢竟每個人只有一個未來。不必問老天爺會給我們什麼樣的明天，只問自己：「我的下一步準備好了沒？這一步我是否能紮紮實實地踏下？」

下一步到底該怎麼走，其實並不難選擇，就怕我們根本不知道該往何處去。所以，你應該做的第一件事是認清自己未來的方向。

從小立志成爲軍人的麥克阿瑟明確地告訴我們：「你可以堅持己見，並在行動後證明自己的判斷正確，但前提是，你必須為自己的堅持負責，絕不能有任何偏差與失誤。」

認真生活，就不會老是退縮

應該知道自己在做什麼，無論我們付出多少，只要每次付出都是用生命去體驗，就應當好好珍惜。

眞理不一定適用於每一個人和每一件事，無論聽見多麼權威的說法，我們都必須帶著懷疑的態度審慎求證。因爲，就算是頂尖的專家，也會有誤判的時候，我們若一味跟隨而不深入思索，就得承擔最後的結果。

別把權威當靠山，人生中最好的靠山，始終是我們自己，只要樂觀以對，我們就不會老是選擇退縮。

在百老匯的社會圖書館裡，詩人愛默生的演講激勵了年輕的惠特曼：「誰說我們沒有自己的詩篇？我們的詩人文豪就在這裡啊！」

文學大師這一席慷慨激昂的演講，令台下的惠特曼激動不已。此刻，他的體內熱血沸騰，腦海中好似有一股力量正在升溫：「對！我要走進各個領域、各個階層和各種不同的生活中，我要傾聽大地與人民的心聲，我要創造出不同凡響的詩篇！」

在愛默生激勵下，惠特曼的《草葉集》很快地問世了，這本熱情奔放的詩集，突破了傳統格律的束縛，以全新的形式表達了民主思想，以及對於民族和社會壓迫的強烈抗議，每一個字都充滿了率真的情感。

《草葉集》的出版讓遠在康科德的愛默生十分激動，高聲歡呼：「誕生了！你們期待的美國詩人已經誕生了！」

愛默生給這些詩非常高的評價，稱讚這些詩是「屬於美國的詩」，而且是「充滿奇妙的、無法形容的魔力」。

雖然愛默生如此讚揚，但在這此之前，突破傳統的《草葉集》其實飽受學院派批評，一些較保守的報社還把它批評得一無是處，後來因為愛默生的褒揚，各家報刊才換了口氣，轉而推崇這本詩集。

不過，由於表現手法太過前衛，讀者們一時間還無法接受，所以第一版的《草葉集》並未因愛默生的讚揚而暢銷。

但是，惠特曼卻從此增添了無比的信心和勇氣，一八五五年底詩集再版，裡面還收錄了二十首新完成的詩歌。

一八六〇年，惠特曼準備印行第三版《草葉集》時，決定再將新作品補上。但是這一次愛默生卻勸阻惠特曼：「你應該刪除其中幾首關於『性』的詩歌，否則第三版不容易暢銷。」

惠特曼不以為然地問：「為什麼？刪了這幾首詩就會是好書嗎？」

愛默生婉轉地向他解釋說：「我的意思是說，它還是本好書，只是，刪了會變得更好！」

執著的惠特曼卻堅持不讓步，他搖頭說：「我的靈魂從來不會服從於任何束縛，它們只想走自己的道路。《草葉集》裡的任何一首詩都不應該被刪改，我要

任由它自己繁榮或枯萎！」

「我認為，世上最差的書就是那些被刪改過的書，因為刪改意味著向世俗投降……」惠特曼堅定地說。

第三版《草葉集》刊印了，而且一上架便被搶購一空。不久，它還跨越了國界，被翻譯成各種不同的語言，在世界各地流傳。

因爲惠特曼的堅持，我們今天才能讀到如此精采且發人深省的詩集。

其實，詩人是很感性的，無論是對社會還是個人，他們總是不吝於付出關懷，他們十分執著於生命價值的尊重與個人靈性的發展，所以惠特曼對於自己孕育的詩文會這麼堅持。

換個角度看，正因爲惠特曼認眞、負責地生活著，所以對於生活中感悟到的隻字片語會如此堅持，我們面對自己的工作和生活中的一切，是否也能像惠特曼一般擇善固執？

如果還不能，是否意味著我們根本沒有認眞生活，所以習慣退縮，對手中的

一切輕易放手呢？

「你應該知道自己在做什麼，更應該知道自己擁有什麼。無論我們付出多少，只要每次付出都是用生命去體驗，就應當好好珍惜。」這是惠特曼在故事中給予我們積極的人生觀。

是的，人生不能一味退縮，只要生活中每一步都踏得深刻，無論風雨多大，也不能抹滅我們走過的足跡。

專注是最重要的生活態度

只要從前人的日常生活中去找尋，我們便能輕易地發現成功的方法和技巧，然後應用到我們的日常生活中。

其實，和一般人的遭遇相比，名人的故事同樣平淡無奇，然而，他們的經歷為什麼能不受時空限制不斷地啓發我們？

原因無他，因爲再平凡的事情發生在他們身上，他們依舊能創造出前所未有的奇蹟，並從小事情中展露出連他們自己都想像不到的潛能。

從小，愛因斯坦就是個喜歡動手動腦的孩子，遇到新奇的事物就會反覆研究，得出自己想要的結果。

五歲生日那天，父親送給他一個羅盤。自從有了這個羅盤之後，愛因斯坦開始沈迷在羅盤的世界裡，也因為太過投入了，小小年紀居然出現了精神恍惚、沉默不語的研究慣性，父母親還一度以為他生了什麼怪病呢！

上小學後，愛因斯坦便對美勞課程特別感興趣，也非常用心創作。有一天，老師教導學生利用廢棄的材料來製作自己最喜歡的物品。只見孩子們拿出各式各樣的材料，有破布、黏土和蠟燭等等開始構思；在孩子們的巧思下，黏土很快地便變成了漂亮的雞鴨，破布也變成了小狗，蠟燭則變成了可愛的水果……

「愛因斯坦，你的呢？」老師微笑地看著小愛因斯坦。

愛因斯坦的小手輕輕地捧著作品到老師面前，是個小板凳，老師低頭一看，居然差點笑出聲來。

儘管愛因斯坦很喜歡美勞課，但是小手仍嫌不夠靈巧，作品還是有些粗糙，看著這個簡陋的小板凳，老師笑著說：「嗯，我想世界上再也沒有比這個還糟糕的小板凳吧！」

孩子們聽見老師這麼說，忍不住哄堂大笑起來。然而，就在笑聲中，愛因斯坦卻大聲地說：「錯！還有兩個比它還要醜！」

小愛因斯坦跑回坐位，從抽屜裡拿出另外兩個小板凳，對老師說道：「你看，這兩個是不是更醜？這個是我第一次做的，這個是第二次做的，你手上的那個是第三個，雖然還不是最好的，但是它比這兩個還要好一些。」

老師驚訝地看著小愛因斯坦，接著仔細地看著他手中的三個小板凳，笑容再次展現，點著頭說：「這孩子真是可愛啊！」

小小的板凳表現出來的，不只是愛因斯坦可愛的童眞，還有他自小就展現出的鍥而不捨的精神，以及勇於面對自己缺點的誠實態度。

追求完美的愛因斯坦，小小年紀便知道只要努力不懈就一定會有成果，雖然第三個小板凳未盡完美，但是只要時間充裕，自己一定能創作出完美的作品，就是因爲秉持著這樣的精神，才有日後的輝煌成就。

只要從前人的日常生活中去找尋，我們便能輕易地發現成功的方法和技巧。

例如愛因斯坦投入羅盤世界裡的專注，創作小板凳時的認眞執著，都是我們應該學習的生活態度。

除此之外，不知道你還得到了什麼啓發？

成功和景氣、運氣沒有必然關係，細心體會名人面對事情的態度，然後應用到我們的日常生活中，下一個創造傳奇的人或許是你！

你可以開開心心做自己

沒有人需要自卑，更沒有人應該受人否定。無論是外貌美醜或是人生成就高低，我們都不必受制於別人的批評。

我們要努力地保有自己的個性，因爲，一旦失去了自我，不管我們怎麼模仿別人，都是一個隨手可拋的複製品。

雖然想「好好地做自己」並不容易，但是只要我們不再介意別人的眼光，多給自己一點信心，就會發現，原來自己行動的勇氣是那樣的強勁，況且，相信自己的能力也比期待別人的認同來得實際。

伊苔絲的個性十分內向，對自己更是充滿自卑感，每當站在鏡子前面，總是惱怒地想著：「我怎麼看起來這麼胖？」

她的母親經常這麼斥責她：「伊苔絲，衣服別老是穿得那麼窄，寬一點的衣服比較舒服啊！」

雖然母親不認同女兒的審美觀，然而伊苔絲卻從不聽勸，一旦被迫穿上寬衣服，便不會踏出房門一步，因為她總是煩惱著：「穿這件衣服我看起來更胖了，我才不要和同學們玩，我一定會被笑！」

因此，伊苔絲從不和其他孩子們一起活動。非常害羞的她甚至覺得，自己和其他人都「不一樣」，自己是個不討人喜歡的女孩。

從小便自卑的伊苔絲，長大之後也不見好轉。後來，她嫁給一位比她大好幾歲的丈夫，但是她的性格卻仍未改變。

儘管夫家上下對她十分疼愛，伊苔絲始終都很沒自信，但是為了不讓丈夫失望，不得不鼓起勇氣參與各種宴會。為了維護丈夫的面子，她只得強顏歡笑，只是這樣虛情假意的表現，讓伊苔絲感到厭煩。

「我到底在做什麼？為什麼我要活得這麼不開心呢？」每一次宴會結束後，伊苔絲都煩躁地質問自己。

由於情況越來越嚴重，伊苔絲竟然有了輕生的念頭，因為她一直覺得自己表現很差，根本是個沒有價值的人。

這天，伊苔絲坐在花園裡看著天空，婆婆正巧走了出來，婆媳兩個人就這麼坐在花園裡聊天。

伊苔絲問婆婆：「媽，您是怎麼教育孩子的，為什麼他們總是這樣開心且充滿自信呢？」

婆婆笑著說：「沒什麼特別辦法啦！我對他們只有一個要求，盡力做自己就好，盡力表現出自己的特色就夠了。」

「盡力做自己！」伊苔絲的腦海中不斷地重複著這句話，因為這是她第一次聽見對自己的鼓勵。

就在那一剎那間，她發現：「為什麼我會活得這樣辛苦？原來，我從來都沒有盡力表現自己，我根本是活在一個空殼裡，也一直處在不適合自己的環境中，不知改變生活啊！」

伊苔絲看著天空，忍不住喃喃地說道：「是啊，我應該有自己的特色才是，我應該會有優點，我想我一定有和別人不同的地方！」

「妳當然有！」婆婆微笑地鼓勵她。

一定有許多人和伊苔絲一般，因為充滿了自卑的心理，以致於耳邊不斷地聽見否定的聲音。只是，他們很少發覺，這些否定從來都不是發自於別人的嘴巴，反而大多數來自於他們自己。

他們經常會對自己說「我不行」或是「我會失敗」，所以他們根本不必敵人出手攻擊，早就被自己打倒在地。

「不必管別人如何看待，你只要好好地做自己，表現出自己的特色就對了！」這不只是故事中婆婆教育孩子的方法，也是她刻意給予伊苔絲的勉勵，更是她想與我們分享的生活態度。

沒有人需要自卑，更沒有人應該受人否定。無論是外貌美醜或是人生成就高

低，我們都不必受制於別人的批評。

日子是我們自己在過，如果不能面對自己，老是受困於別人的眼光，想擁有開心的生活恐怕比登天還難。

不要盲目地跟從別人的希望與要求，勇敢地走出自己想走的路，讓每一個笑聲都能發自內心，讓原本的自己充分表現出來。

那麼，我們抬頭看見的都必定是寬廣的藍天，更是一個完全屬於我們，自在悠遊的天空。

2.
PART

無法一路順風，
就想辦法面對逆風

在你我身上有許多可利用的工具，

沒了雙手、沒了雙腿，總還是有腦袋可運用，

看不見、不能說話，至少還有辦法傾聽。

在困境中激發自己的潛能

只要不輕言放棄，決心站起，生命自然會支持我們再站起來，甚至還會激起我們在人生道路上奔馳的動力。

在你我身邊有各式各樣的人，每個人遇上的困難險阻往往差不多，但有人可以走過，有人卻無法渡過。究其原因，並不是因爲問題嚴重度不同，而是他們給自己的面對勇氣不同。

勇氣不夠的人遇上困厄時，會輕言：「我放棄了！」

反之，那些給自己滿滿勇氣的人，在面臨人生困境時，會堅定地對自己說：「我絕不放棄！」

有個男孩在八歲那年，因一場爆炸意外，導致雙腿嚴重受傷，甚至沒有一塊完整的肌膚，醫生斷言他今生不可能再站起來行走。然而，男孩卻不這麼想，他告訴自己不能再哭泣，並堅決地相信：「我一定能站起來！」

在床上躺了兩個月之後，他開始嘗試下床、復健，因為怕父母擔心，他總是趁父母親不在的時候行動，拄著父親特製的小拐杖在房間裡走動。

事實上，復健工作比他想像中還要難上許多，因為尚有痛感的雙腳與身體，每一次動作都讓他痛得掉淚，雖然拄著拐杖，但是那兩根木棍卻無法提供足夠的幫助與支持。只見他一次又一次地跌倒，也一次又一次地再站起來。

「我一定可以的！」男孩始終這樣勉勵自己，一定會站起來！

因為堅信自己一定可以再站起來，能再次奔跑，所以他很努力地復健，幾個月之後，雙腿終於能做屈伸動作了。

「快了，我要準備站起來了，我就要站起來了！」男孩開心地對自己說。

不久，男孩給自己設定了一個新的目標——走到兒時常去的湖泊，因為那裡充滿了能激發生命活力和快樂情緒的記憶。

由於決心走到湖泊，激發了他積極鍛鍊自己的意志，兩年後，他終於憑著耐力和毅力走到了湖泊邊。

目標達成了，他已經可以靠著自身的力量走到湖邊，隨後他又給了自己新的練習目標——跑步。

他將農場上的牛馬當作追趕目標，讓雙腿開始執行「跑」的動作。藉著積極訓練，驚人的動力再次創造出了新奇蹟，他的雙腿成功地「重獲新生」。

自此，男孩的雙腳終回到了意外發生前的健康狀態，而他也透過不斷地自我挑戰，以「長跑」運動為自己寫下人生佳績。這位傳奇人物，正是美國運動史上最偉大的長跑選手——格雷．康尼漢。

看著格雷．康尼漢再站起來，想必能激發了不少人的信心和活力。

從格雷身上，我們學會了「自我肯定」的技巧，面對困難的時候，不要光是用疑問句質疑自己：「我到底行不行？」而是要多用肯定的字句告訴自己：「我一定行！」

別懷疑，方法就是這麼簡單，只要不輕言放棄，決心站起，生命自然會支持我們再站起來，甚至還會激起我們在人生道路上奔馳的動力。

不拒絕奔馳，不輕易退縮，也不喊累，格雷·康尼漢能在如此困厄情況下走出來，我們當然也可以。

人生就像一場長跑競賽，需要耐力也需要毅力，更需要自信，一如那些長跑高手所言：「挑戰極限真的很辛苦，但我還是選擇相信生命的潛能，因為我知道，只要不放棄，腳步不停，腦子裡懷抱著『一定能達成』的信念，生命潛能自然會讓我完成夢想。」

不管眼前的問題多麼麻煩，也不管現在遇上什麼樣的大難題，迎上前去吧！並且多給自己一點突破的勇氣，也給自己多一點信心，就算得繞行困境，最終必能走出難關，看見生命之光在你我身上閃閃發亮。

無法一路順風，就想辦法面對逆風

在你我身上有許多可利用的工具，沒了雙手、沒了雙腿，總還是有腦袋可運用，看不見、不能說話，至少還有辦法傾聽。

現在正值低潮期的人，請不要再把自己關在房裡，困住自己。現在正遭遇困境的人，也請不要再用否定質疑自己，阻礙自己！

因爲，只要我們能勇敢地走出房門，堅信自己一定能解決眼前難題，那麼便沒有什麼事情能困住我們。

事實上，勇敢嘗試突破困境之後，我們即便閉上雙眼，也一樣能用心眼看見生活的希望出口。

凱利原本是個非常快樂的人，有幸福的家庭，也有穩定的工作，但好景不長，在一次車禍中，他被撞斷了一條腿，從此與所謂的幸福與安穩慢慢遠離。

第一步考驗便是工作，因請假時間太長，老闆最終以人力不足與復原期不確定為由，要凱利辭職。

從此，凱利閒在家中，從原本的家庭支柱轉眼變成家庭負擔，這個角色轉變讓他感到沮喪，面對生活也越來越失去信心。凱利認為自己是個廢人，是個麻煩，於是向妻子提出離婚想法。

但是，妻子並沒有答應，而是積極鼓勵他振奮：「親愛的，你雖然沒了腿，還有雙手啊！」

凱利聽見妻的鼓勵很感動，從此積極尋找能靠「雙手」工作的機會。

一天，兒子拿來一台故障的遙控車要他修理，凱利接手後很快便修好，兒子見狀，驚呼道：「爹地，你真是太厲害了，以後我就不怕玩具壞了！」

兒子的讚美讓凱利十分開心，因為他知道自己還是有用的，就在這個時候，他忽然轉念：「何不試著修理玩具？」

是的，凱利想到了維修工作，因為以前他是個機械維修工，如今腳不方便，無法東奔西跑，但維修技術並未消失。

此外，他想起現在玩具昂貴，而孩子充沛的活力常讓玩具損壞，這讓經費有限的家長們十分苦惱，因為他們得因此不斷地添購新玩具。這時，若有人能使玩具死而復生，那當然是再好不過的事。

於是，同樣站在家長的角度，凱利找到了他的謀生機會，只見他先從自己的孩子和鄰居孩子們的玩具開始試，若有不解，則進一步向專家請教，或是找相關圖書來研究。

慢慢地，凱利累積了一手維修玩具的技藝，無論大小，即便是最昂貴的機器玩具，他一樣能讓它們起死回生。

不久，凱利開了一間玩具維修店，名字就叫「凱利玩具急診室」。

開工第一天，工作室門口便擠進了一大批小朋友，凱利憑著熟練的手藝，很快地便將這些「小病號」修好。

看在孩子們眼裡，凱利是玩具的守護天使，當然，這些小顧客順理成章地成了工作室的「活廣告」。

自此，「凱利玩具急診室」的名聲越來越響亮，凱利也從中再次找回了幸福家庭的氣氛，以及永遠都能讓他安心的穩定工作。

人生路若無法一路順風，我們該怎麼面對那陣陣逆風？

很簡單，就勇趕地迎上去，不管逆風的阻力多麼強，也不管眼前的阻礙有多重，只管去面對人生的困境和生活的意外。

唯有迎上前去，我們才能知道這個難關是否眞的走不過，又是不是眞如人們所言：「其實，一切沒有想像中那樣難。」

看著凱利重新站起，讓我們也明白了一件事，原來在你我身上有許多可利用的工具，沒了雙手、沒了雙腿，總還是有腦袋可運用，看不見、不能說話，至少還有辦法傾聽。

一如凱利的遭遇，老天爺既然沒有奪走你的生命，那便代表生命還有存在的

價值，還有許多潛能等待發揮。

只要我們認眞尋找，耐心等待，必定能像凱利一樣找到合適的謀生方式，並看見人生的全新機運。

所以，別再躲起來爲身上的傷口哭泣，也別再藏匿於角落哀怨生活的不順利，聰明的人都知道，這些考驗和經歷不過是生活的一部份，只要眼淚擦乾了，然後張開雙眼，自然能看見生命的活路。

能開心付出，就能快樂工作

不要把工作視為生活中惱人的一部份，而要像興趣一樣熱情對待，對每一個動作都用心、專精，讓工作充滿樂趣。

在這競爭激烈的商場上，每個人都習慣了爭鬥與敵對，不是等待著對手倒下，便是斤斤計較著付出的多少與回饋的多寡。因爲計較心蜎起，你我看見的不會是快樂工作的神情，而多是埋怨不公或疲憊的嘴型。

生活重在態度，工作同樣如此。

改變自己的心境，試著感謝那些折磨人的事，別再苦著臉工作了，開心與否，其實就在你我的一念之間。

弗雷德是美國的一名小郵差，雖然出身簡單平凡，卻為自己及世人留下一個不平凡的事蹟。

身為郵務士的他，每天都得在負責的區域收送郵件，雖然工作流程很普通，但認真負責的他卻讓這項普通工作變得與眾不同。

一回，弗雷德聽說負責區域中有位名叫薩布恩的演講家，一整年中約有三分之二的時間都不在家，於是主動向薩布恩要了一份行程表。

薩布恩不解地問：「你要做什麼？」

弗雷德說：「是這樣的，您不在家時信件我會先代為保管，等您回家時，我再親自送來給您。」

薩布恩聽了這番解釋，驚訝地說：「那實在太麻煩你了，你只管把信放在信箱內就好。」

弗雷德笑著說：「不麻煩，我想小偷會窺探你們的信箱，如果發現箱子是滿的，就會知道主人不在家，居家便會有安全之虞啊！況且，那對我來說不過是舉

手之勞而已。」

弗雷德又想了想，接著說：「這樣好了，如果信箱滿了，我會把您的信塞進門縫裡，如果連那兒也塞滿了，我便會把其他的信留著，等您回來再送過來。你覺得如何？」

薩布恩聽了，點了點頭說：「好，麻煩您了！」

某一回，薩布恩出差回來時，發現門口的鞋墊不見了，找了一會兒，這才發現鞋墊被拿到門廊的角落裡，那下面似乎覆蓋著什麼東西。

後來他才知道，這是細心的弗雷德弄的。原來在他出差期間，快遞公司將包裹送錯地方，弗雷德發現後便將它接手，親自送回薩布恩的住處，然後小心翼翼地將它藏起來，還留了張便條紙解釋事情的始末。

如此盡心盡力的郵務士，是不是很可愛？

不想再覺得工作疲累，就學學弗雷德的工作態度吧！不要把工作視爲生活中惱人的一部份，而要像興趣一樣熱情對待，慢慢地，我們便會像弗雷德一樣，對

每一個動作都用心、專精，讓工作充滿樂趣。

其實，所有的行業都是服務業，無論你我在什麼樣的工作環境中，同樣都是在做服務眾人之事。所以，在工作時若能換個角度思考，想我們的需要，也想著我們希望人們能怎麼對待，自然懂得表現應有的服務態度，也自然能專業且敬業地面對自己的任務。

你覺得不易做到嗎？

不要再搖頭否定，不妨再看一次弗雷德工作的狀況，並感受他的熱情與快樂，然後聽聽他的工作想法：「不要被『工作』兩個字限制，可以把它當成一種生活遊戲，遇到困難時，你自然會想法子突破。你也可以把它視為一種生活樂趣，如此，關於辛苦付出的一切，我們不只會忘記，還會因為興趣兩個字，嚐盡快樂生活的滋味。」

用自我肯定，面對別人的否定

不要輕易否定自己，也不要隨意放棄自己，只要處世態度不卑不亢，我們仍可大方展現自我，自信地昂首闊步。

你知道自己的專長是什麼嗎？

你知道你身上有什麼是別人無法取代的嗎？

想擁有自信，其實很簡單，只要找出這兩個問題的答案，自然能得到面對生活的信心和力量。除了我們自己，絕沒有人比我們更了解自己。當大多數人只懂數落著自己的缺點時，只要我們能振作精神，自我肯定，便沒有人能再用「否定」兩個字擊敗我們。

二十世紀八〇年代初，身為模特公司經紀人的安德森，巧遇了一位穿著簡單且不施脂粉的女孩。那個女孩來自美國伊利諾州，唇邊長了一顆大黑痣，沒有讀過時尚雜誌，也沒有化過妝，和她談論時尚話題，形同對牛彈琴。

原本，女孩是想和朋友們一起到玉米田打工，賺取學費，沒料到卻讓安德森遇見了她。安德森堅持要她到經紀公司一試，可惜的是，沒有人肯定這女孩和安德森的眼光。

在一次又一次的拒絕後，安德森總結出原因，認為問題應該出在女孩臉上的那顆黑痣，於是下定決心要女孩把黑痣去除。

他把女孩照片上的痣修掉，然後再拿著這張照片給某位客戶看，對方果真很滿意，還說要立刻見面。

只是當女孩出現，客戶才發現「貨不對版」，氣得當場指著女孩說：「把這顆痣給我拿掉！」

沒想到女孩竟生氣地回應：「我不要！沒有人可以拿掉它。」

安德森聽了，心中忽然出現一種奇妙的預感，他看著這個堅定不移的女孩，然後點了點頭說：「好，我不會再逼妳去掉這顆痣了，我相信有朝一日出名的時候，全世界將靠著這顆痣來認識妳！」

這女孩後來果真站上世界舞台，而且紅極一時，成為天后級的模特兒，她的名字就叫辛蒂．克勞馥，而那顆曾經被人們嫌棄的大黑痣，竟也如經紀人所預料，成了她的代表，至今還被視為她最具魅力與性感的代表象徵呢！

當人們稱讚辛蒂的美貌與獨特時，她總會想起從前，想起曾經一次又一次被否定的那段日子，和那個懂得她的「獨特性」的安德森。

這則簡單的事例，是否帶給你某些啓發？

平凡的女孩成爲舉世聞名的名模，看似奇蹟，事實上成功開始是有跡可循的，徵兆不是其他，正是她臉上的那顆痣。

「堅持自我」和「獨一無二」，便是支持辛蒂．克勞馥走向成功的兩大秘訣。透過堅持護守臉上黑痣的舉動，我們看見了辛蒂對自身樣貌的自信，而這也是讓

安德森相信她會成功的主因。

故事中，辛蒂還讓我們明白，不要輕易放棄自我，因為一旦失去了自我，我們便不會是一個完整的個體，即使成功了，也會藏著隱憂。一旦世事變動，我們將因缺乏完整的自我與自信，輕易地陷入困境中。

不要輕易否定自己，也不要隨意放棄自己，雖然世間充滿惱人的事，雖然現實生活中我們時常得謙虛低頭，但一如辛蒂的表現，只要處世態度不卑不亢，我們仍可大方展現自我，自信地昂首闊步。

只要踏實積極，就不被成功遺棄

陽光不會自己登門，除非我們打開窗，張開雙眼，積極主動的邀陽光進門，否則不可能真正享受溫暖的光照。

莫怪老天爺不公，事實上祂已經很公平地給了我們生活於世的機會，接下來的生活無論是歡喜或悲苦，全得靠我們自己決定。

不要再氣惱地指責老天爺不公，因爲越是如此，我們越可能忘記自己已然擁有，比方生活的掌控權和命運的自主權。

為了生活下去，托馬斯在十二歲那年故意隱瞞自己的真實年齡，向一間藥房爭取工作機會。後來經理知道托馬斯竟還不到十六歲，二話不說立即將他解僱，因為聘用童工是違法的。

托馬斯的養父知道之後，毫不客氣地直斥他：「沒腦袋的傢伙，我看你永遠都難成氣候！」

托馬斯雖然知道方法有錯，但為了求生存已是用盡心力了，如今遇到這樣的挫折，雖然感到灰心傷心，但卻激勵了他突破生活的鬥志。

日子一天天走過，後來托馬斯的腳步不僅站穩，事業更是卓越非凡，名列富翁之位的他，已是經營餐飲飯店的成功典範。

一六九九年，托馬斯在家鄉創立第一間「漢堡餐館」，精選上好牛肉做內餡，包裹的麵包也是現做，熱騰騰出爐，由於口味獨特又新鮮，讓托馬斯漢堡一炮而紅。此外，為了增加客源，他還設計了可依照自己的愛好選擇調味的菜單，甚至連孩子的需求也顧及，端出了不一樣的兒童餐組合來吸引孩子。

如此新穎的經營方式和食品特色，讓他成功吸引越來越多的顧客。餐館印象深植於廣大消費者心底後，托馬斯也沒閒著，把握機會順勢開拓，轉眼，美國各地都能看見托馬斯的漢堡專賣店。

專賣店從一千家拓展到兩千家，托馬斯一步步地走到了他的目標，回想十二歲那年的那件往事，他從中學習到的教訓除了「踏實」與「誠實」外，更包括了「積極」與「決心」。

對托馬斯來說，人生其實很簡單，只要把幾項原則守住，那麼不管現實狀況如何，都能游刃有餘，並且進一步創造非凡的成績。

這幾項原則，不外乎要積極、有決心，更要能踏實。

十二歲那年，面對貧困的童年生活，他不讓自己沈溺於埋怨，積極地學習自力更生的本事，雖然行動未果，困難也一再出現，但個性堅強的他卻未因此被擊倒，反而由負面事件中培養出積極樂觀的思考模式。

托馬斯在挫折中不見失敗與失意情緒，反倒展現出突破的決心和鬥志，我們可以相信他歷經了各式艱辛，也可以想像他積極前進的活力。

托馬斯的故事告訴我們，只要不允許自己失志、頹喪，即便挫折不斷依舊持

續前進，我們定能看見希望的陽光。

道理其實很簡單，陽光不會自己登門，除非我們打開窗，張開雙眼，積極主動地邀陽光進門，否則不可能眞正享受溫暖的光照。只要能讓生活的主控權回歸你我手中，那麼不管光照角度如何變動，都能讓陽光齊聚你我身上，激勵我們相信生命，也相信自己！

與其懊惱過去，不如把握此時

明白當下和未來的重要，知道及時改變自己的缺點不足，隨時都能展開新的生活，也隨時都能看見新的開始機會。

現在，不妨靜下心來一同想想昨天的自己，想想曾經犯下的錯誤，再想想更早之前的糗事和失敗。想過之後，再回到今天，用今天的角度去看昨天，看看先前的那些失敗錯誤，不知你會有什麼樣的感覺？

是有著「已經過去」的欣慰、淡然，又或者能夠給自己一個「已經走過」的微笑回顧呢？

往事不是過不了，只是我們放不下。無論是對別人還是面對自己，都要謹記一件事：「時間馬不停蹄地前進，生命只會往前奔跑，絕不會停留在過去的歲月中。聰明人要懂得拋開過去，倘若不能及時把握當下，就只能不斷地在懊惱中度日。」

有則個軼聞傳說，是關於後人熟知的慈善家洛克菲勒的過往。

據說，當時的他是個極其勢利的富翁，人們對他曾經感到討厭。洛克菲勒出身貧寒，為了開創自己的一片天，十分勤奮實幹，認識他的人無不誇讚他是個好青年。然而，當他富甲一方後，卻變得既貪婪又冷酷，所經營的油礦區的居民們對他無不十分痛惡，甚至心懷怨恨。

今人難以想像的仇視情況排山倒海而來，就連家人對他的行為也表示不屑，甚至還將親人的骨灰移出洛克菲勒家族的墓園，原因是：「在洛克菲勒所掌控的土地內，我的子孫們將無法安眠。」

洛克菲勒的日子在眾叛親離中度過，到了五十三歲時疾病纏身，瘦得像木乃伊一般。醫生們都告誡他：「你必須在金錢、煩惱、生命中三選一。」

此刻，他終於領悟到貪婪的可怕，以及自己的迷失。

於是，聰明的洛克菲勒聽從醫生的勸告，決定退休，並開始學習打高爾夫球，到劇院看戲，平時則會與鄰居們閒話家常。自此，洛克菲勒的生活開始回歸平凡與平實。

慢慢地，洛克菲勒回想起過去一切種種，決定將財產捐出與人們分享，並回饋世界。一開始並不是很順利，因為舊觀念難改，人們還不太能接受他的轉變，也不相信他的誠意，但洛克菲勒不放棄，不斷地努力，極其謙虛地與人互動，終於成功讓人們看見也相信他的誠心。

在此同時，洛克菲勒得到了用金錢買不到的平靜、快樂、長壽，以及前所未有的尊敬和愛戴回應。

我們都知道，洛克菲勒一生當中至少賺進了十億美元，晚年差不多捐出了其中七成以上的金額。當然，這數字並不能代表眞正的價值，因爲對照著洛克菲勒前半生的「金錢迷失」，和後半生的「千金散盡」，眞正價值在哪裡，你必定了

然於心。

人生有起有落，當然也有走錯路的時候，但即便犯錯，只要有心悔改，必能積極彌補失去的一切和錯誤。那麼無論什麼時候，也不管已完成了多少，我們一定都會得到公正的評價。

處世待人要全心誠意，只要心念是積極且真誠的，只要我們該有的謙卑虛心的態度能展現，人們自然會感受到改進的決心，並以微笑重新接納。

沒有必要擔心過去，人生本來就該讓過去的過去。

明白當下和未來的重要，知道及時改變自己的缺點不足，隨時都能展開新的生活，也隨時都能看見新的開始機會。

生命在己，無人有權放棄

不管後面的危難追得多緊，都不要放棄自己，只要能努力掙脫，我們定能突破重圍，看見重生的機會。

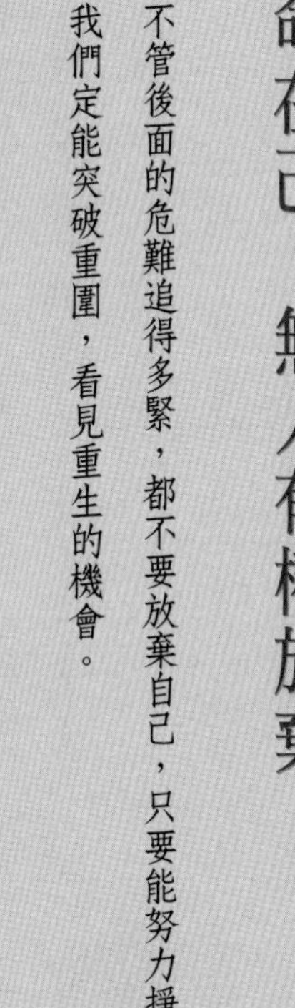

人生正因爲有各種難題挑戰而變得有趣，生活也因爲各種困難挑戰而變得不凡。當身後出現危機追趕，只要不浪費時間苦惱擔心，而以更積極的態度向前奔馳，並加緊努力尋找新的生存空間，那麼，再大的危機也難威脅你我。

簡單來說，生命在自己手中，只要不說放棄，就沒有人有能逼迫我們放棄。只要不看輕生命，生命自然會以堅強無比的氣勢和力量，引著我們走出生活的難關，找到困境的出口。

草叢間，有隻剛學會獵捕的小獵豹靜靜趴臥其中，等待獵物出現。

不遠處，有隻雄羚羊帶著另一隻小羚羊出現，牠們悠然自得地低頭咀嚼青草，全然不知死神正慢慢地靠近。

小獵豹悄悄地朝牠們接近，眼神閃著兇狠的光芒，突然，有如離弦之箭，跳躍出現！

突如其來的情況嚇得小羚羊手足無措，只見牠拔腿狂奔，但根本不是小獵豹的對手，大羚羊見狀，立即上前保護且引開獵豹。

大羚羊叫了一聲，獵豹見大羚羊挑釁，立即將目光轉對準大羚羊，生與死的激烈追逐旋即展開。

小獵豹的速度十分驚人，轉眼便追上了羚羊，以利爪狠狠地刺在羚羊的身上，頓時血流如注。

大羚羊卻未倒下，只見牠痛苦地發出幾聲哀號，跟著使出全身的力氣掙扎跳躍。在此同時，小獵豹的耐力與耐心漸被損耗，羚羊在躍動的瞬間，轉頭用羊角

頂向小獵豹，草原上又一陣嘶聲嚎叫響起，小獵豹的左眼被刺中，痛苦地跌落在草地上。

大羚羊連忙拖著一身血朝遠方跑去，跑了好長一段路，終於看見了平安無事的小羚羊。

為了保護兒子，大羚羊力氣用盡，但仍留下最後一口氣，提醒孩子生存之道：「孩子，等你長大後，也會遇到這樣的情況。聽好了，獵豹可以放棄追逐，但你無論如何都不能放棄求生的機會，因為對牠們而言，我們不過是一頓晚餐，但是對於你而言，這卻是生與死的問題，絕不能輕易放棄生命！」

說完，大羚羊便倒下。

生命難得，大羚羊盡全力保住一口氣，展現生命鬥志，末了更用最後的力氣將生命智慧傳給孩子，這不只是堅持，也表現了「生命在我」的寓意。

故事很簡單，但寓意極其深刻。當現代人越來越承受不了壓力而輕易放棄自己的時候，我們透過自然萬物發現生命的珍貴，也學習到生命的韌性。所以，無

論你我遇上了什麼樣的困難，都要相信生命智慧，聰明地燃起鬥志，不管眼前的道路有多顛簸，都要相信自己一定能走出難關。

再重溫大羚羊的話語，隱約間，我們似乎也聽見了牠的溫暖叮嚀：「孩子，即便只剩最後一口氣，你都不能輕易放棄呼吸，因為只要你肯繼續呼吸下去，自然有機會找到生命的出口。不管後面的危難追得多緊，都不要放棄自己，只要能努力掙脫，一定能突破重圍，看見重生的機會。」

凡事全力以赴，好運自然眷顧

想要有出頭的機會，光是能力強是不夠的，
也必須要有表現的機會，不排斥做分外工作，
或許就能在無形中替自己創造好運。

不要讓情緒影響智力

想解決問題，就一定要避免牢騷與抱怨。若浪費太多時間在情緒宣洩上，便很難讓情緒冷靜下來。

遭遇困境，想要解決困難之時，不要讓情緒影響自己的智力，而要緊扣住問題的核心慢慢推進。

不要用情緒面對問題，無論多麼刁鑽的難題，只要情緒能控制好，冷靜地處理手上的問題，所有困難都有機會扭轉劣勢。

魯迅在廈門大學擔任教授時，該校有一位名叫林文慶的行政人員讓全校師生

們都深感厭煩，因為他常苛扣學校經費，也常刁難師生申請的研究經費。有一天，林文慶把研究院的負責人與教授們全部找來開會，當場宣佈：「從今天開始，你們的經費將削減一半。」

教授們一聽，紛紛提出反對，沒想到林文慶卻鄙夷地對眾人說：「對不起，這件事不能再依你們了，畢竟這間學校的經費全是有錢人拿出來的，有錢的人才有權發言。」

林文慶蠻橫無理、仗勢壓人，話語裡更是充滿了歧視，令在場所有人都憤憤不平。這時，魯迅忽然站起身來，接著便從口袋裡摸出了兩個銀元。

「啪！」魯迅猛地將銀元丟到桌上。

接著他鏗鏘有力地說著：「我有錢！我也有發言權！」

林文慶一看是難搞的魯迅，更沒料到他會有這麼一手，一時間瞪大了雙眼，張著口卻不知道怎麼回嘴，狼狽不堪的模樣令其他人忍不住偷偷竊笑。

接著，魯迅力陳經費不足的後果，並振振有辭地指出經費不能減少的理由，有理有據地逐條解說，反駁得林文慶啞口無言。

林文慶最後只能默默地收回自己的主張。

爲什麼其他教授只能乾瞪眼，不能像魯迅一般迅速還擊呢？正是因爲他們用情緒面對問題，因而找不到著力點。魯迅在發言前掌握了出奇制勝的技巧，他緊抓著「有錢」兩個字來大做文章，封住林文慶的嘴，不讓他有任何反駁與批評的空間。

這一記當頭棒喝，讓自以爲有錢就佔上風的林文慶，反而無話可說，幽默機智的魯迅沒有直接批駁林文慶的要求，只順著他的「有錢」等於「有權發言」的邏輯加以反擊，讓林文慶轉向下風，終於扭轉了劣勢。

想解決問題，就一定要避免牢騷與抱怨。若浪費太多時間在情緒宣洩上，便很難讓情緒冷靜下來，所以魯迅在故事中傳遞了：「想解決問題，就要順著問題的癥結積極思考，然後才能正中問題的核心，輕鬆解決。」

只要轉換情緒，就能戰勝恐懼

很多事情剛開始面對之時，難免會讓人感到不安。只要能轉換害怕的情緒，用好奇和希望面對一切，就能驅除心中的恐懼。

害怕是人類最普遍的感覺，任何人都免不了有恐懼的時候。它可能來自過去不好的回憶、周遭環境，或者由自己的內心衍生製造出來。

當恐懼愈甚，危機也愈近。

相反地，只要我們能改變想法，妥善運用「害怕」，反而能將這種畏懼的心情轉化成爲一種行動的助力。

因爲「害怕」，讓我們行事多一分謹愼；因爲「害怕」，讓我們選擇「專心

在工作上」來忘掉恐懼心理。

傳說拉比阿基瓦是一個貧苦的牧羊人，在他四十歲之前，從來沒有接受過教育，四十歲之後才開始學習之路，但後來卻成了最偉大的猶太學者之一。

在他與富有的卡爾巴·撒弗阿的女兒結婚之後，新婚妻子催促他到耶路撒冷學習《律法書》。

他對妻子說：「我都四十了，還能有什麼成就？現在要我去讀書，只會換來大家的嘲弄，他們一定會說我不自量力，一把年紀還能讀什麼書？」

妻子說：「跟我來，我讓你看點東西，不過你要先幫我牽來一頭背部受傷的驢子。」看到阿基瓦如此沒自信，妻子決定用個方法鼓勵他。

阿基瓦把驢子牽來後，妻子就用灰土和草藥敷在驢子的傷背上，土乾了之後呈現一個怪異的形狀，就像背上多了個鳥巢，讓驢子看起來非常滑稽。

之後，妻子帶著阿基瓦，一同把這頭怪模怪樣的驢子牽到市場上，每個人都指著驢子的背哈哈大笑。

第二天，夫妻兩人又帶著驢子上市場，當然還是換來人們的大笑。到了第三天，所有人都已見怪不怪，再也沒有人指著驢子發笑了。

「去學習《律法書》吧，」阿基瓦的妻子說：「今天人們也許會嘲笑你，明天他們可能還會再笑話你，但是到了後天，他們就會改口說：『他就是那樣，沒什麼好講的』。」

阿基瓦的妻子如此做的用意，就是希望他能明白，就算四十歲才開始學習，會讓人看笑話，也不用因為害怕被嘲弄而放棄學習的機會。因為，人是健忘的動物，到了第三天就不會再嘲笑了。

美國第二十六任總統羅斯福曾說過：「很多事我起初都很害怕，可是我假裝不害怕去做，慢慢地，我就真的不害怕了。」

很多事情剛開始面對之時，難免會讓人感到不安與惶恐，沒有勇氣面對，忍不住想要逃避。

但是只要有個開始，試著面對它之後，就會慢慢克服一切，甚至開始喜歡它，

樂於主動接近它，希望發現它更美好的一面。

沒有人永遠「不會害怕」，只是我們常常讓害怕佔據整個心思，使得自己失去面對的勇氣。

只要能轉換害怕的情緒，用對事物的好奇、熱心、期待和希望面對一切，就能驅除心中的不安和恐懼。

先退一小步，才能向前邁步

與其直接指出對方的不是，倒不如站在他的立場為他著想，你也就能順利達到目的了，想要前進一大步，不如先退一小步。

人與人之間，難免會有紛爭、意見不合的時候。不管對方有多麼無知、不講理，只要一動怒，場面就很難收拾，而且也不一定能解決問題。

每個人都有脾氣，每個人也可以大嗓門用氣勢壓過別人，但是這樣眞的有用嗎？最後的結果大概就是鬧得兩邊都不愉快。

有句話這樣說：「對待敵人最好的辦法，就是用仁慈來殺死他們。」

只有先後退一小步，才能前進一大步。

瓊斯先生是一家啤酒廠的經營者，某間公司的採購員克勞恩，欠了瓊斯先生一千美元的啤酒款，許久都沒還。

有一次，克勞恩來到啤酒銷售部，對瓊斯先生大發脾氣，抱怨他出售的啤酒品質愈來愈差，地方上罵聲一片，人們都不願再買他們的啤酒。最後竟說出自己欠的那一千美元錢也不打算付了，因為出售的啤酒品質一直都不好，他任職的公司也表示不再購買啤酒。

瓊斯先生壓住滿腔怒火，仔細聽完克勞恩的嘮叨後，竟禮貌地向克勞恩賠不是，表示啤酒品質確實有不盡人意之處，最後說：「對你的意見，我會儘快向廠內反映。至於你欠的那一千美元啤酒錢就不用付了，只能怪我們的啤酒一直不爭氣！因此日後你們公司和你本人不再買我們的啤酒，是你們的自由。如果你願意，我可以為你介紹另外兩家有名的啤酒廠……」

瓊斯先生這一番話，出乎克勞恩意料之外。欠帳還錢本是理所當然，克勞恩的本意就是不想付自己欠下的一千美元，才以啤酒品質不好為藉口，試圖堵住瓊

斯先生的嘴。

然而，瓊斯先生並沒有正面反駁克勞恩，反而用巧妙的迂迴戰術，假裝虛心承認，並接受克勞恩的意見，待克勞恩發洩完後，即刻展開攻勢，用誠摯的話語，向對方表明啤酒廠的立場。

克勞恩最後被瓊斯先生的誠意和坦率征服了，不但繼續到啤酒廠為公司購買啤酒，還向另外幾家公司推薦瓊斯先生啤酒廠的啤酒。

受到不合理的指責時，就算感到委屈，也別急著辯解或動怒。應該先釐清事情的狀況，了解對方這樣做的動機，再決定要用什麼樣的方法來處理。

瓊斯先生的做法，就是「以退爲進」、「以柔克剛」，利用說話的技巧喚起對方的良知，讓他自知理虧，甚至打從心底尊敬自己。

當一個拳頭舉起來時，我們不是拿另一個拳頭與它碰撞，也不是轉身逃跑，而是想辦法化解對方的戾氣，讓他鬆開拳頭、放下手。

通常愈是蠻橫的人，愈無法和他「講道理」。與其直接指出對方的不是，倒不如站在他的立場爲他著想，讓他感受到你的善意而軟化態度，你也就能順利達到目的了，想要前進一大步，不如先退一小步。

就好像柔道之神三船久藏說的：「力量較小的一方，可以打倒力量較大的一方，這就是柔道的真義。」

絕不鬆懈，才能加入成功行列

抵達終點之前的努力奮鬥，往往是致勝的一擊。我們可以擁有自信，可以享受勝利的喜悅，但是請先通過終點再說！

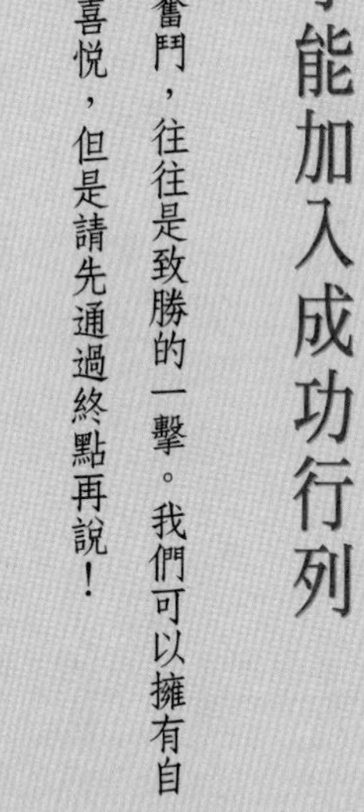

大文豪莎士比亞曾經說過：「一件事情開始以後，直到贏得一切之前，不應中途棄置。」

有百分之七十五的失敗，往往只差臨門一腳就會踏入成功之門。常有人因為無法堅持到最後一刻，最後導致失敗。

在這之中，不乏因爲輕敵而讓人趁勝追擊的例子。

一個聰明的人，懂得利用對手的疏忽，來為自己贏取勝利的機會。所以，在

比賽結束之前，都不該讓自己鬆懈。

一九八八年奧運在韓國首爾舉辦，游泳競賽項目男子一百公尺蝶式決賽正如火如荼地展開。

領先的是美國泳壇名將馬特．比昂迪，他已經把其他選手拋在身後，正奮力朝終點衝刺。觀眾席上群眾瘋狂揮動的雙手似乎也表示，他將是這場比賽的冠軍，穩操勝券。

抵達終點後，比昂迪從水中抬出頭來，舉起雙手，想慶祝自已獲得第一的榮耀。但大營幕上還沒打出成績，整個賽場一片寂靜。

幾秒後，成績出來了，觀眾都發出不可思議的驚嘆聲，原來一個名叫安東尼．內斯蒂，來自蘇利南的選手，以○．○一秒的些微差距戰勝比昂迪，獲得男子一百公尺蝶式的冠軍！但在比賽之前，根本沒人注意過這個來自蘇利南的選手，甚至不知道這個國家。

為什麼會有這出人意料的結果呢？透過慢動作畫面重播，可以清楚看到在衝

向終點的一剎那，比昂迪並沒有保持蝶泳的狀態，僅僅靠著游動中身體的慣性，滑到了終點。

同一刻，來自蘇利南的選手內斯蒂始終保持蝶泳的最佳姿態，全力衝向終點，甚至差點撞到前面的牆壁。正因為這樣，他在最後的關鍵時刻，超過比昂迪，第一個到達終點，成了這次比賽的最大冷門。

內斯蒂奪得金牌後，不僅震驚了奧運會內外的游泳行家，也撼動了他的國人，蘇利南政府宣布全國放假一天，隆重迎接凱旋而歸的內斯蒂。

他是自一九六〇年蘇利南參加奧運會以來，第一位獲得冠軍的運動員。也是在游泳比賽中第一個獲得冠軍的黑人選手。

這次比賽也被人們稱之為「〇．〇一秒的奇蹟」。

馬特．比昂迪之所以失敗，是因爲他認爲自己一定可以拿下第一，而在最後關頭鬆懈自己前進的速度。

抵達終點之前的努力奮鬥，往往是致勝的一擊。安東尼．內斯蒂就是秉持著堅持到底的奮戰精神，即使落後仍然全力衝刺，讓他以「〇．〇一秒」的微小差距戰勝對手。

很多電影或漫畫中常常出現一個場面，主角將敵人打倒在地後，瀟灑地轉身，準備迎接勝利的歡呼時，敵人突然清醒，從後面偷襲。雖然最後的結局，主角還是會獲勝，但是往往成爲傷痕累累的英雄。

我們並非戲劇中的英雄，現實的狀況是殘酷的。我們可以擁有自信，但不代表可以輕忽對手，我們可以享受勝利的喜悅，但是請先通過終點再說！

想贏得最終的勝利，一直到比賽結束之前都不可放鬆意志，如此得到的成功才算是眞實、可靠的。

不怕犯錯，只怕不能從中改過

當錯誤發生時，別急著怒罵、指責，不如藉此「機會教育」，少批評、多引導，方能確實達到改善的目的。

有幾個從事教育工作的朋友，每次和他們聊天時難免都會感慨現代的孩子和當年差別好大。過去，老師的話就等於聖旨，孩子哪敢和師長們大小聲？

有人嘆道：「小孩子還是需要打，只有痛過之後，才會眞正記取教訓。」

衆人雖然認同，內心卻有一種複雜的感覺。在傳統教育下，最害怕的就是犯錯，哪怕只是一點小錯誤，甚至莫名其妙的理由，也會換來一頓修理。

不可否認的，許多做人處事的道理，就在痛過之後牢牢記住。可是，在打罵教育的成長過程中，自信心也這樣被打掉了。

打罵真的是好的教育方式嗎？

史蒂芬．葛雷是個科學家，對醫學也有重大的貢獻。有個報社記者採訪他，想知道他為什麼會比一般人更有創造力，是什麼因素讓他超乎凡人？他將這份成就歸功於小時候母親的生活教育和經驗。

史蒂芬年紀尚幼時，有一次從冰箱裡拿出一瓶牛奶，結果失手把瓶子掉在地上，牛奶濺得滿地都是。

他的母親來到廚房，看到這個情形並沒有對他大呼小叫，反而說：「哇，你製造的混亂還真棒！我幾乎沒看過這麼大的奶水坑。反正已經這樣了，在我們清理它以前，你要不要在牛奶中玩幾分鐘啊？」

史蒂芬真的坐在滿是牛奶的地上玩了起來。幾分鐘後，他的母親說：「你知道，當你製造這樣的混亂時，最好的處理方式就是把它清理乾淨，做到物歸原處。現在，你想這麼做了嗎？我們可以用一塊海綿、一條毛巾，或者一支拖把。你比

較喜歡哪一種呢？」

他選了海綿，然後他們一起清理地上的牛奶，在吸飽海綿的「遊戲」中，史蒂芬玩得不亦樂乎。

接著，他的母親又說：「你已經從用兩隻小手拿大牛奶瓶的實驗上得到失敗的經驗。現在，讓我們到後院去，把瓶子裝滿水，看看你是否可以用另一種方式拿得動它。」

在反覆的試驗中，史蒂芬學到了，如果他用雙手抓住瓶子上端接近瓶嘴的地方就可以穩穩拿住它。

這是一堂很棒的課。這位科學家說，那一刻他知道他不必害怕錯誤。除此之外，他還學到，錯誤只是學習新東西的機會；科學實驗也是如此，即使實驗失敗，還是會從中學到有價值的東西。

如果一個人因爲害怕犯錯而不敢嘗試新事物，就很難有突出的表現。史蒂芬的成就，歸功於他有一位有耐性、觀念新穎且正確的母親。這也讓人聯想到之前一則有趣的新聞。

荷蘭運輸部官員曾廣邀不良少年極盡所能破壞地鐵的設施。他們讓少年拆毀新地鐵車廂內的座椅及其他設備，以了解新地鐵設備中，有哪些部分是需要加強改善的，盡量做到足以抵擋惡意破壞之後，才打算上路通車。

這種新穎的測試方法，除了讓人大開眼界外，也讓人了解到，最有效的學習，是從錯誤中汲取而來。

想要有所成就，便不能害怕犯錯。並且，當錯誤發生時，別急著怒罵、指責，既然事實已經造成，不如藉此「機會教育」，少批評、多引導，既不會傷害他人的自尊，又能確實達到改善的目的。

若每一個靈魂都能在引導式的教育下成長，相信會減少許多不必要的傷害，甚至啓發出一個未來的大人物。

凡事全力以赴，好運自然眷顧

想要有出頭的機會，光是能力強是不夠的，也必須要有表現的機會，不排斥做分外工作，或許就能在無形中替自己創造好運。

有句話是這樣說的：「當你要請人幫忙時，找個最忙碌的人。」

或許你會感到疑惑，要請人幫忙不是要找個「有空」的人嗎？在理論上的確如此，可是實際上卻有應當考量的層面。

爲什麼當大家都在忙碌的時候，卻有人特別空閒呢？原因有幾種：一、他的能力很好，事情一下子就忙完了；二、他在摸魚，將工作推給他人；三、他把事情草草做完，所以有空下來的時間。

很可惜的是，很多有「空閒」的人都屬於後兩者。

不過，多數人不會有「空閒」的時間，只有剛剛好把事情完成的空間。因此，不突出、不特別的「普通人」特別多。

如果你是個「普通人」，能力尚可，又想擺脫這樣的身分，獲得更好的機遇，受上司垂青的話，該怎麼做才好呢？

那就是：做自己分外的工作。

馬克道尼爾是一間肥料工廠的速記員，在一個懶惰的主管底下做事，那主管總是把所有事情都丟給底下的職員，自己不聞不問。主管覺得馬克道尼爾是一個可以任意使喚的人，某次便叫他代替自己編一本阿穆耳先生住歐洲時，使用的密碼電報書。

馬克道尼爾接下這個繁雜的工作後，不像一般人編電碼一樣，隨便用幾張紙簡單列出來，而是編成一本小小的筆記本，用打字機很清楚地編排出來，然後再用膠裝訂好。

做好之後，主管便將筆記本交給阿穆耳先生。

「這大概不是你做的吧？」阿穆耳先生看了一下，冷冷地問。

「不……是……」那主管戰慄地回答。

「你叫他到我的辦公室一趟。」阿穆耳先生揮揮手要主管離開。

在主管責備告誡後，馬克道尼爾戰戰兢兢進入辦公室。

阿穆耳打量了馬克道尼爾一會兒，才開口說：「小夥子，你怎麼把我的電報做成這個樣子？」

「我想這樣你用起來會方便些。」馬克道尼爾照實回答。

幾天過後，馬克道尼爾便坐在辦公室前面的一張桌子，擔任阿穆耳先生的助理；再過些時候，他便取代以前那個懶惰主管的職位了。

就這樣，馬克道尼爾由一個速記員成為肥料工廠的廠長。

馬克道尼爾之所以能從一個速記員爬升到廠長職位，是因爲他接受分外的工作，並且用心做好它，才讓主管有認識他的機會。

很多人對於「分外」的工作非常排斥，總認為「那又不是我的事」，就算是舉手之勞也不願意去做。

的確，現代人比較懂得說「不」。但是在這個知識普及、競爭激烈的時代，想要有出頭的機會，光是能力強是不夠的，還必須要有表現的機會。

凡事全力以赴，自然會有好運眷顧。這並不是要你做得要死要活，累得不成人樣，而是要懂得把握表現的機會，不排斥做分外工作，並且努力將它做好，這麼一來或許就能在無形中替自己創造好的機運。

專一，才能創造成功的契機

想要獲得成功，便得選擇一條屬於自己的道路，專心一致地走下去，成功就在不遠處等著你。

德國作曲家華格納說過：「一個人不能同時騎兩匹馬，只要騎上這匹，就要放棄另外一匹，聰明人會把一切分散精力的要求放在一邊，只要專心認真地學一門，並且要把它學好。」

成功的秘訣有很多，但無論如何都脫不了「專心」二字。國際知名導演李安也曾經描述自己就像「參賽的馬，眼睛兩側蒙著黑布，專心向前看著目標，然後全力向前奔馳」。

確實，當你確定了一個目標，只要心無旁騖，只管奮力往前衝刺，就能跑得比別人快。

波廉從父親手中接下麵包店時，就暗自下了一個決定：要走出一條與別人不同的經營方式。

當時，所有麵包店都努力研發新口味來吸引顧客，他卻決定不做新口味麵包，而是找回幾乎已被人們遺忘的傳統口味麵包。

波廉花了兩年時間，親自登門請教了一萬多個老烘焙師傅，嚐過七十五種從沒吃過的麵包，經過這段長期研究，波廉發現以前的法國麵包是黑麵包，而不是現在人們熟悉的白麵包。

波廉解釋道：「傳統的黑麵色大都是窮苦人家吃的，在二次大戰後幾乎銷聲匿跡。而來自外地的白麵包，象徵有錢及自由，於是成為新寵。」

基於民族情感和市場定位，波廉決定不做白麵包，將全部精力投入製造復古口味的黑麵包。

波廉說：「三種相同的原料就能做出千種以上不同的麵包，這是因為水與麵粉混合的比例、生產地氣候、發酵時間，甚至烤爐設計及燃料來源，都會影響麵包的味道。」

因此，波廉堅持用磚及黏土製造的烤爐，而且燃料一定要用木材。他發現唯有採用這種方式，生產出來的麵包，即使經過加溫食用也能保持原味。

因為各地條件不一定能完全配合，波廉並沒有在全球各地開分店。為了將麵包行銷到世界各地，波廉將麵包廠設在巴黎機場附近，利用機場旁的聯邦快遞轉運中心，及時將麵包送到世界各地。

波廉的麵包顧客滿天下，受到全世界人們的喜愛。

波廉還將研究麵包的製作過程寫成一本書。這本書至今仍是法國各地烹飪學校的必備教材之一。此外，他還有一間專門收集各種有關麵包書籍的私人圖書館，藏書超過二千冊。

麵包師傅波廉所做的法國黑麵包行銷全球，除了眼光獨到、有行銷腦袋外，最重要的還是他能夠專心致力於一個目標，並用心鑽研於其中。

雖然只是生產「傳統黑麵包」，他卻能研究得如此透徹，從原料、烘烤過程、燃料，甚至生產氣候……等等，都堅持用最適合的方式製作，也難怪有如此成就。

當我們看著日本節目，那些被稱爲「達人」的驚人成就，並感慨爲何台灣鮮少有這樣的人才之時，不妨想想，爲何別人做得到，而我們不行。

我們表面上看似忙碌，但是否不夠「專一」，分散且浪費太多的精力於無關緊要的小事上，沒有下功夫於眞正該專注的事情上？

想要獲得成功，便得選擇一條屬於自己的道路，專心一致地走下去，成功就在不遠處等著你。

機會由自己創造最可靠

一個真正的成功者，不僅努力培養自身能力，更積極於尋找、製造成功的機會。當機會不來敲門時，你就該主動拜訪它。

有句話這樣說：「當機會遲遲不來時，你就必須主動去尋找它。」

成功除了靠努力之外，多半也有點機運。於是，有人做好一切準備，就等著機會降臨，可是機會偏偏總是和他擦身而過，左等右等，就是等不到它。

如果這時候不展現積極的做法，還繼續傻傻地坐在家裡等待奇蹟出現，就是一件非常危險的事了。

若是真的想獲得成功，最可靠的辦法就是自己去創造機會。

二十世紀二、三〇年代間，美國經濟蕭條，各行各業普遍不景氣。多倫多有一位年輕畫家，家境非常拮据，全家人常常過著有一餐沒一餐的日子。這個畫家擅長畫木炭畫，但受環境的限制，畫得再好也賣不出去。

後來，年輕人終於明白，要想靠賣畫來養家，只能到富人那裡去開拓市場。可是他根本沒有人脈，要怎樣跟有錢人接近呢？

他苦思冥想，最後他來到多倫多《環球郵政》報社資料室，從那裡借了一份畫冊，其中有一幀加拿大某家銀行總裁的肖像。他回到家，就著手描摹起來。完成後，他把它放在相框裡，裝訂得端端正正。

接下來的問題是，要怎樣才能交給對方呢？他在商界沒有朋友，想得到引見是不可能的。他也知道，如果貿然與對方見面，肯定會被拒絕。寫信要求見對方，這種信可能過不了大人物的秘書那關。

這位年輕的畫家知道，想要穿越總裁周圍層層阻擋，必須要抓住對方追求名利的心理，投其所好。

他將頭髮梳理整齊，穿上衣櫃中最體面的衣服，來到這位銀行總裁的辦公室，要求與他見面。果然不出所料，秘書攔住他，並告訴他如果沒有事先預約，想見總裁是不可能的。

「真糟糕，」年輕人一邊說道，同時把包覆住肖像畫的保護紙揭開，「我只是想拿這個給他瞧瞧。」

秘書看了看畫，把它接了過去，猶豫了一會兒後說道：「你請先在這兒稍坐一下，我去去就回。」

過沒多久，秘書就對年輕人說：「請從那個門進去吧，總裁想見你。」

當畫家步入辦公室時，總裁正在欣賞那幅畫。

「你畫得棒極了，」他說：「這張畫你打算要賣多少錢？」

年輕人鬆了一口氣，開價一百美元，結果順利成交了。以當時的物價而言，一百美元可是一筆不小的收入。

這名年輕的畫家除了洞悉人的心理之外，更了解這個大環境和自己的優勢。

他利用繪畫天賦，再加上銀行總裁對自己的優越感，打破社會階層的藩籬，順利將自己的畫作賣出去。

這個「另類」的推銷手法，爲年輕畫家開創了生機。

有很多失敗的人，常常會將原因歸咎於「沒有機會」。然而，一個眞正的成功者，不會把這個當藉口。他們不僅努力培養自身能力，更積極於尋找、製造成功的機會。因此，在時機成熟時，他們擁有的選擇機會往往比別人多，自然也會有更多機會能開創出一番成就。

當機會不來敲門時，你就該主動拜訪它。哪怕要多走幾條街、多敲幾次門，只要你願意，成功就會在不遠處招手。

4. PART

奮力向前跑，就有機會奪標

成功與失敗的分野就在於願不願意加倍付出，
別害怕輸在起跑點，只要沒有人抵達終點，
我們就還有機會奪標。

要改變，更要下定決心實踐

生命的陽光一定會照亮黑暗逆境，但如果我們自己不肯打開心門，無論太陽怎麼熱情，消極的心始終要陷在一片漆黑中。

生活不必非要一帆風順，多些逆風的阻撓反而能避免我們衝過頭。身爲生命之舟的舵手，必須提防船兒毫無方向地四處漂流。樂觀地迎向眼前的難關，生活中能多一點雨水澆灌，我們清醒的機會便會多一些，自己的未來也會清晰一些。

雖然從小便生活困苦，但傑克．倫敦的開始卻不像其他傑出人物那般努力進

取。童年時期的他像個小惡魔，最厭惡的事就是踏入校園，寧願把時間花在偷竊的勾當上。直到有一天，漫不經心地在圖書館裡發現了《魯賓遜漂流記》之後，小傑克的人生終於有了轉變。

深受《魯賓遜漂流記》啟發的傑克．倫敦，從此天天到圖書館報到，因為他從書本中看見了新的世界，一個充滿希望與活力的新世界。

當《天方夜譚》中的奇妙故事在他腦海中轉動時，傑克幾乎忘了現實世界的存在，大世界的奇妙與美好深深地激勵著他，從尼克卡特至莎士比亞，從馬克思到赫伯特，傑克．倫敦從書本中學習到的東西越來越多，也越來越討厭自己的過去。十九歲那年，他決定重回校園：「我不能再流浪了，我必須靠腦力實現自己的未來。」

進入奧克蘭中學後，傑克積極向學，幾乎不分晝夜讀書，居然只花了兩個月的時間，便把高中四年的課程全部唸完，並且還通過了考試，拿到了加州大學的入學資格。

渴望成為作家的他，一遍遍地讀著《金銀島》、《基度山恩仇記》和《雙城記》……等名著，接著，憑藉著人生的經歷與從書本學習到的寫作技巧，每天不斷地書寫著。

他曾經只花了二十天就寫成一部長篇小說，也曾經一口氣寄給出版商三十篇小說，雖然後來全被退回，但一點也不氣餒，仍然持續地寫著。因為，他知道：「我想寫作，寫作是我全部的生命。」

終於有一天，他寫的小說《海岸外的颶風》獲得了《舊金山呼聲》雜誌所舉辦的徵文比賽首獎。

只是，所有成功的開始都是辛苦的。經常有一餐沒一餐的傑克．倫敦曾經低頭面對現實，放下手中的筆，再次投入辛苦的工人生活，但無論如何他都沒有放棄過夢想。

一八九八年的某一天，傑克．倫敦放下手上的工作，重新面對自己：「我的人生只有這樣嗎？再這麼下去，我還有多少時間和機會呢？」

望著口袋裡的兩塊錢，他最後決定重拾筆桿。

五年後，傑克．倫敦手上已經出版了六部小說和一百二十五篇短篇小說，有

一天，重溫自己的作品後，他帶著微笑走到窗口，欣賞美麗的陽光，不禁讚歎：「生命的陽光真是燦爛！」

什麼時候才是最好的開始，你仍然抓不準嗎？

傑克在故事中給了我們一個方向：「只要你真正地醒悟，找到了人生目標，更下定決心實踐，那麼無論你什麼時候醒來，只須記住，那便是你開始的時機，絕對不能鬆懈。」

「積極行動，想做就做」是傑克的醒悟。生命的陽光一定會照亮黑暗逆境，但是這道光仍然需要你的迎接，如果我們自己不肯打開心門接受陽光，無論太陽怎麼熱情，消極的心始終要陷在一片漆黑中。

無論人生的開始是好是壞，只要我們面對未來的態度是積極的，機會一定會守候著我們。傑克．倫敦的微笑，正引領我們迎向生命的希望，更讓我們聽見實現夢想的讚嘆。

奮力向前跑，就有機會奪標

成功與失敗的分野就在於願不願意加倍付出。別害怕輸在起跑點，只要沒有人抵達終點，我們就還有機會奪標。

成功的必備條件是企圖與決心，希望目標能夠達成，除了要有積極努力的決心之外，更要有超越別人的企圖心。

不必擔心找不到機會，而是要多加留意步伐是不是比別人慢了！

無論我們選擇哪一個領域，只要有積極突破自己的企圖心，就能累積實力追求卓越的未來。

音樂家海頓八歲那年考進了維也納聖斯蒂芬大教堂的合唱團，為此他必須離開父母到維也納學習音樂。

看著他小小的身軀，每個人都心疼地想著：「他連基本的生活能力都不行，還需要爸媽的關心照顧啊！」

不過，小海頓看起來一點也不擔心，反而安慰著家人：「為了音樂，我會學習獨立，請大家放心。」

剛到合唱團裡，小海頓果然基本動作全都不行，起床、穿衣和整理床舖都做不好，別人都早早完成去吃早餐了，他總是一直到大家都快吃完了，才匆匆忙忙地來到餐廳。

其他小朋友們見到他的窘況，全都忍不住嗤嗤竊笑，這種景況讓他更加慌張了。害羞的小海頓面對大家的嘲笑，難過地想著：「在家做時也沒這麼難啊？怎麼會做不好呢？」

從此，小海頓經常躲在角落裡偷偷哭泣：「我怎麼學習音樂呢？我連吃飯、穿衣都做不好了！」

不過，每當和大家一起練歌，聽見自己美妙的童音在教堂迴盪著，小海頓的企圖心總會再度燃起：「不，我不能輕易放棄理想，我要繼續留下來，再困難也不能走。」

從此以後，小海頓每天都會比其他人早半個小時起床，因為他告訴自己：「既然我得多花兩倍時間去做，那麼我就比別人早兩倍時間起來。」

慢慢地，小海頓拿捏到自我管理的技巧，再也沒有任何困難讓他退縮了。為了能儘早趕上進度，小海頓每天早上都會跑到樹林裡努力地練唱，在鳥兒的陪伴下，小小身影一點也不孤單，反而有種征服世界的霸氣。

憑著實力考進合唱團的海頓，當然沒有維也納貴族公子小姐們那樣好的經濟條件，父母給他的零用錢經常連買書都是難事了，更何況買樂器。

這天，海頓終於收到父親寄來的錢，望著全身上下一再補丁的衣物困惑地思索著：「到底該先買哪樣呢？」

走在大街上，他走進一間間的商店，不過每一間都看了看就走出來，直到走進書店後總算不再空手，抱著巴赫的《對位法》出來。

刻苦勤學的海頓，從不參加同學們的郊區野餐或歌劇欣賞，因為他只想一個人留在教堂內趁機練琴，從巴赫二段式套曲到托卡塔曲。這麼辛勤努力，當然使他比別人早一步開拓自己的音樂天空。

別再抱怨自己的背景或基礎不夠好，海頓在故事中告訴我們：「不必擔心起跑時慢了別人一步，只要你接下來能加足馬力，努力地往前奔跑，第一個抵達終點的人一定是你。」

換個角度想，在命運之前其實我們都有均等的機會，成功與失敗的分野就在於願不願意加倍付出。

在人生的競爭中，如果你的身軀比較弱小，當別人跨一步就能抵你兩步時，你便得訓練自己以加倍的速度超越對方。

所以，別害怕輸在起跑點，只要奮力跑向終點，我們就有機會奪標。

為自己彈奏響亮的生命樂章

能奮鬥不懈才能讓生命樂章永不休止，真正的失明並不是眼睛看不見，而是放棄目標不肯積極往前！

積極克服心中的障礙，別管人們怎麼說，只要知道自己怎麼想，就能堅定自己的人生方向。

人生路全靠自己走，唯有勤奮刻苦才能敲出最響亮的生命樂章，所以請你使盡全身的力量，奮力向前吧！

歐拉經常為了研究科學而廢寢忘食，為了研究出一套計算行星軌道的公式，

他已經二天沒睡了，甚至連桌上準備的麵包一口都沒咬。

「不對啊？結果怎麼算不出來？」

歐拉似乎遇到了瓶頸，總覺得答案就呼之欲出了，但是，不管怎麼抓都抓不到。眼看著手中的筆桿就快抓不牢，視線也有些模模糊糊了，不過，歐拉還是不想放棄。

直到第三天，歐拉終於找到答案了！

歐拉的精神再度振作起來，然而看著充滿金色光芒的數字，忽然感到一陣暈眩，右眼的視線忽地變模糊了，就在短暫地看見金黃色光芒之後，眼前的景物慢慢地消失了。

歐拉的右眼失明了，醫生對他說：「這是過度勞累和緊張所造成的。」

「只不過少了一隻眼睛而已嘛！」

對歐拉來說，這並不會削減他工作的熱情，更不會影響他繼續研究的決心。接下來，歐拉始終保持十分旺盛的創造力與活力，經過不斷地探索與鑽研，天文學的世界有了突破性成長。

一七四一年，歐拉接受普魯士國王的邀請，到聖彼得堡擔任數學研究所長，年輕力壯的歐拉並未推辭，雖然右眼看不見，但他要將豐富的人生經驗與學識成就和世人分享，讓人們知道生命很可貴。

因為體悟到生命的珍貴，歐拉怎麼也不願意休息，反而更積極地利用時間研究，只是，過度勞累、緊張的歐拉再次為此付出代價。

五十九歲那年，他的左眼也慢慢地模糊了。由於有了右眼的經驗，歐拉知道自己就快看不見了，緊緊地捉住最後時機。

他在黑板上，奮力地寫下剛剛發現的公式與各種引證、計算，要學生和助手們抄寫下來，根據他口授的內容寫成論文。

最後，歐拉的左眼完全失明了。人們對這位科學奇才感到扼腕：「年近花甲的老人，要怎麼走過這段黑暗歲月呢？」

不過，人們似乎多擔心了，因為歐拉有科學的支持就夠了。

他的世界並不灰暗，因為在他的腦海裡，那些數學、符號、公式、原理和圖形組成了一個無比光明的世界，他的學術生命也並未就此終止，而是一如往昔地

勤奮研究。

歐拉在最後的十七年間，發表了近四百篇論文，並且解決了不少科學難題，其中還包括了曾令牛頓相當頭痛的「月離」問題，經過他鍥而不捨的鑽研，終於找到了答案。

一個偉大的成功人物，生命終了之後還有餘韻繚繞世間，當然是因爲他生前的奮鬥從未間斷過。

也許有人會想：「如果歐拉能休息一下換回視力，不是更好？」

或許吧！但有誰能保證，休息眞的能換回永遠的光明呢？

能奮鬥不懈才能讓生命樂章永不休止，眞正的失明並不是眼睛看不見，而是放棄目標不肯積極往前！

「每個人都有自己想走的人生道路，也只有自己能夠承擔路上的辛苦與命運安排！」這是歐拉與我們分享的生命體悟，當別人心疼他的眼睛時，他更擔心不能間斷研究目標，所以他堅持自己的行動不能稍有停滯。

上帝關閉了他的靈魂之窗，卻爲他開啓一扇通往神奇奧妙世界的大門。歐拉的犧牲雖然很大，但是對他來說，犧牲卻換來了更燦爛的生命成就，這些才是他眞正想要的人生，也才是他積極生活的重要目標。

一片黑暗中，歐拉克服了重重困難，也始終都保持著旺盛的精力和高昂的鬥志，他做到了明眼人難以做到的。我們不妨反過來問自己，在實踐夢想之時，能否像他一樣積極奮鬥，勤勉不息？

活用時間，機會就會加倍

別煩惱你的環境或際遇比別人差，只要你願意自己站起來，願意積極地爭取，時間便會為你延長，讓你擁有加倍的時間和機會。

覺得時間不夠用的時候，不妨先問一問自己：「昨天是否又貪睡了，今天是不是又偷懶了？」

每個人的答案一定不同，但是，我們人生最終結果就藏在這個答案中。人生是我們自己在走的，時間也是我們自己在操控的，只有我們自己才知道是否善加珍惜每分每秒。

沒有上過小學的馬克思，在父親的指導下自修完成小學的基本課程，一直到十二歲那年，才踏入了德國的特里爾市中學，開始校園初體驗。

中學時期，馬克思便展露了頑強的毅力，刻苦勤學的他無論是在科學的成績還是文學藝術的表現，每一項都十分出色，這些成就讓他在畢業時，收到了十分特別的畢業證書。

校方破天荒地在證書上特別寫著：「該生才能優異，特別是古語學、德語學和歷史方面的學表現令人激賞。勤勉的馬克思同學在語言、數學以及歷史、地理各科中所下的功夫，是所有師生有目共睹的，更是每一位學生應當學習的榜樣……」

這一長串的讚許文字，清楚地說明了馬克思中學時期的優異成績，也反映出馬克思的努力與成就。

一八三五年，馬克思進入了柏林大學，在學風自由的大學殿堂裡，更加盡情地自在遨遊在各種知識領域裡。馬克思在兩個學期內便完成了一般學生恐怕得花二十個學期才能學完的課程。

不放棄任何學習時間的馬克思，有一次生了重病，在床上躺了好幾個星期，不過在這段時間，他居然讀完了好幾本科學巨著。到了五十歲那年，為了研究如何讓俄國經濟發展，又從頭開始學習俄文。

幾塊麵包和一壺水是馬克思走進圖書館時常備的東西，因為他總是一直坐到圖書館關門才會離開。

據說，在大英博物館的閱覽室裡他常坐的位子下方，因為經年累月的踩踏與摩擦，使得這塊水泥地磨掉了一層。

馬克思曾對一位友人說：「表面上看起來，我們每天只有八個小時可以運用，事實上，我們擁有的是兩倍以上的時間。」

對馬克思來說，他一天可用的時間不只八個小時，然而對某些人來說，一天恐怕用不到八個小時吧！

看著馬克思學習的熱情，與坐在圖書館裡的身影，更讓人信服於他的學術成就。我們不難看出馬克思學識的淵博，是因爲他廣泛且深入的學習，才能看見了豐富的新視野。

馬克思小時候的求學經歷，縱然不能平順或按部就班地走過，但他仍舊力爭上游急起直追。他的奮鬥過程在在勉勵我們，縱使我們錯失機會，仍然要努力前進，即使得曲曲折折加倍付出，也要不計任何代價與辛苦，用盡全力爭取，補足所有的生活缺口。

就像馬克思在文中告訴我們的：「別擔心你的時間不夠，也別煩惱你的環境或際遇比別人差，只要你願意自己站起來，願意積極地爭取，時間便會為你延長，讓你擁有加倍的時間與機會。」

想要成就感，請以效率來換

能積極自然有效率，有熱情自然不會想拖延，試想，完成任務時的成就感是那樣的美好，我們又怎麼捨得偷懶休息呢？

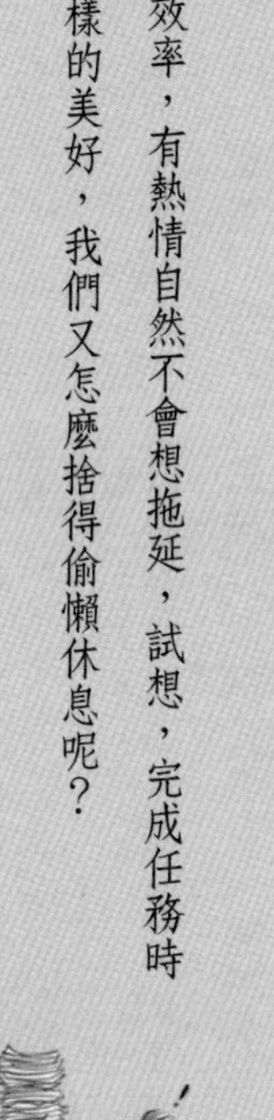

在生活中，我們不難發現，爲了達成某項喜歡的目標，許多人會積極地督促自己去行動，積極地提高執行效率。

因爲，他們知道，效率培養出來之後，自然就沒有時間多想工作是非，更沒有多餘的時間去苦惱擔憂。

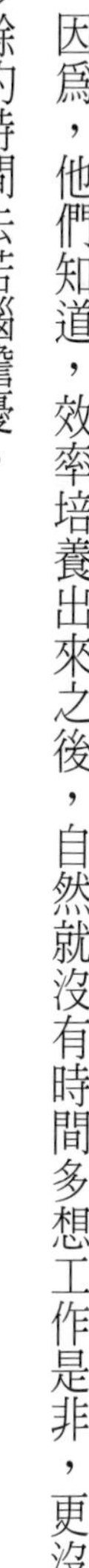

當效率一提高，他們將時刻享受目標達成時的快樂，也時刻感受到生活與工作熱情的不斷加溫。

查爾斯．施瓦布是美國某鋼鐵公司的總裁，在鼎盛時期，曾經有位管理顧問專家艾維對他說：「讓我教教你提高營運效率的方法吧！」

施瓦布點頭問：「好，請問費用多少？」

沒想到艾維卻笑著說：「如果無效，免費！如果成績卓著，我要你把因此節省下來的費用的百分之一給我。」

施瓦布答應後，艾維便開始行動，但他只是告訴公司的每位主管：「請您在下班前寫下六件今天尚未完成，但明天一定得完成的工作。」

從那天起，主管們便開始實行這個動作，而在那之後，艾維便不再有任何表示。但他們卻發現，才這麼一個動作，便讓他們的工作效率提高許多，就連專注度也較以前更提升不少。

事實上，因為這張列表，讓他們更加清楚自己今天要完成的工作，慢慢地也培養出自律的工作態度，當然，公司的生產力與收益也有了顯著的改變。

結果當然成績卓著，施瓦布也在幾個月後，開立了一張三萬五千美元的支票

給艾維，感謝他帶給公司的幫助。

這確實是規劃工作生涯的技巧之一，但是不是最好的方法則因人而異，畢竟每個人的習慣與特質不同，工作態度與狀況也有所不同，所以眞正的重點並不在於「方法」，而是要明白「效率」的重要。

每天列出今日未能達成的工作，可以有兩個切入點，一個便如艾維的用意，是爲了明確地指出明天的當務之急，好讓自己避免所有遺漏，二則是提供一份省思資料給自己，思考今天無法達成的原因。

工作效率當然能表示一個人的才能，同時也能評估出我們的工作態度和熱度。能積極自然有效率，有熱情自然不會想拖延，試想，完成任務時的成就感是那樣的美好，我們又怎麼捨得偷懶休息呢？

評估利益，要以誠信為依據

評估個人利益，必須以誠信為依據。一旦失去了信用，未來肯定會進退失據，再也沒有人會信任我們，更沒有人願意支持我們。

爲了堅持誠信，我們經常必須做出許多犧牲，也許是擁抱財富的機會，也有可能是提名國際的機會，也許是飛黃騰達的機會，這些犧牲都是許多人選擇履行承諾時最痛苦的煎熬。

割捨雖然痛苦，但名利財富並不是成功的表徵，人們選擇背信時，得到的反而都是「壞名聲」。

托馬斯．愛德華．勞倫斯是英國史上非常重要的將領。當年轉戰阿拉伯國家時，因為英國官方的政策，使他失信於阿拉伯人民，為此他深感良心有愧，拒絕接受英王的勳章，並從此退出政治舞台。

這個舉動讓他贏得各方極高的評價。

勞倫斯的一生與阿拉伯世界緊密地結合著，從早先到中東考古，到後來因為戰爭需要而再次踏足中東，在在都顯示了英國官方對他的信任。

勞倫斯靠著他對阿拉伯世界的了解，成功協助英國政府扶植了傀儡政權，從此踏上了中東沙漠游擊戰的舞台，並一舉成名。

長年的沙漠游擊戰，勞倫斯完全適應了阿拉伯式的游牧戰鬥生活。他與阿拉伯人民並肩作戰，讓鄂圖曼帝國丟掉了在阿拉伯地區近四百年的統治權，為阿拉伯世界立下了不可抹滅的功勳，阿拉伯人民對他也更加信任。

與此同時，勞倫斯也一再向侯賽因新政府保證：「戰後，我們會讓整個阿拉伯地區再整合成一個統一的獨立國家。」

這個獨立的國家是阿拉伯人民長久的期望，所有中東人民都對他寄予相當大的期望。只是連勞倫斯也沒料到，英法兩國居然在戰爭結束後秘密地達成一項協議，兩國各取所需，決定讓阿拉伯地區實行分治。

這個協議不僅讓阿拉伯人民震驚，更使勞倫斯十分難堪與氣憤，因為他一再信誓旦旦地保證，最終卻被出賣而失信於民。於是，他斷然拒絕接受英王授勳，並決定長居中東，從此退出政治舞台。

其實，勞倫斯原本就是個厭惡聲名的人，如今又因為自責，只得過起隱姓埋名的生活。對於緊追不捨的八卦記者，勞倫斯最後連自己的名字都得捨棄，才能專心寫作，好好地過自己的生活。

最後，一場意外車禍結束了勞倫斯的生命，也讓這個世界少了一個偉大人物。勞倫斯一生雖然建立令人矚目的戰功，但是因為失信而自願退隱的負責態度，卻是讓他名留千史的關鍵因素。在勞倫斯的葬禮上，十分敬佩他的邱吉爾還流著眼淚說：「我們這個時代最偉大的英國人走了！」

翻開人類歷史，觀察一個人在誠信與名利之間的取捨拿捏，我們便能輕易地

看出這個人的品性，就像「阿拉伯的勞倫斯」在故事裡提醒我們的：「一個不能堅守承諾的人，即使失信的原因不是他造成的，一旦不能實踐他的承諾，這個人最終都是失敗的。」

信守承諾不僅是做人的基本原則，也是我們成就未來的唯一利器。這也是托馬斯．愛德華．勞倫斯之所以寧願捨棄一切財富和地位，也要堅持不背信於民，與不背棄良心的主因。

在評估個人利益得失時，我們必須以誠信爲依據。一旦失去了信用，未來肯定會進退失據，再也沒有人會信任我們，更沒有人願意支持我們。

故事的道理很簡單，生命的價值高低或許很難評定，但是能否活得無愧於心，選擇權確實掌握在我們手中。

只要認真做，就一定有收穫

一個人真正的成就，不在掌握了什麼樣的權力或坐上了什麼位置，而是能不能堅持自己的理念。

不必擔心理想是否能實現，因爲，無論在什麼樣的環境下，現實從來都不是阻礙的主因。只要我們想做，所有問題都一定能解決，只要我們敢做，任何理想都一定能實現。

很多人都不知道，一旦忘了堅持，奮鬥的目標便會立即消失，再美好的理想也要灰飛煙滅。

華盛頓接下美國獨立戰爭期間的總司令，憑著一股勇氣，為國為民鞠躬盡瘁。當上總統後，他更加努力不懈，面對政治的爭鬥，也曾辭去總統職務，每每又為了國家人民而再度復職。

總統的身份地位並不是他所期望的，他只想盡全力做到最好，並努力地實踐他對自己和家園的承諾。

獨立戰爭結束後，華盛頓的功績讓他成為眾望所歸的領袖人物，依功勳來說，華盛頓本該順理成章地接下總統一職，其他支持英國君主制度的人也紛紛表示願意支持他「登基」。

但是，華盛頓對此卻堅決反對，他說：「請你們對自己的國家心存尊敬，為你們的子孫後輩著想。如果你們真的尊重我的話，請你們放棄這樣的念頭，因為，我知道這將帶來更多的災難。」

對華盛頓來說，當初的獨立之戰不只是為了國家，更是為了消除英國君王制度的貴族心態。然而，好不容易爭取到自由的人們，卻仍然對君主制度大表支持，這令華盛頓感到憂心。

華盛頓拒絕出任總統，也立即辭去總司令的工作，回到他的故鄉農莊與家人團聚，重新展開他自由自在的平民生活。

然而，當時聯邦政府體制紊亂，施政情況不上軌道，不禁讓華盛頓憂心忡忡：「好不容易成功獨立，現在又瀕臨混亂和毀滅邊緣了。」國家利益，是他始終放不下的，那麼辛苦地爭取到的自由、民主，怎麼可以任由它倒下呢？

於是，華盛頓決定復出，一七八七年他主持了「憲法會議」，接著又因為特殊地位與聲望而當選了美國第一任總統，美國也在這位堅持理想的總統掌舵下，慢慢地走向正軌，成為真正獨立自由的美國。

連任了兩屆美國總統之後，華盛頓在一七九六年發表了「告別書」，主動離開政治舞台，又回到了寧靜的田園生活。

華盛頓爲國效力不計個人得失，這樣的英雄人物無人不感敬佩。關於華盛頓的人生經歷我們都很熟悉，對於他的誠實更是奉爲典範。

華盛頓眞正的成功之處，不在他實踐的結果，而是他實踐理想的過程。故事中他展現出的生命態度値得我們深思：「一個人真正的成就，不在掌握了什麼樣的權力或坐上了什麼位置，而是能不能堅持自己的理念。外在環境瞬息萬變，人的思維也在轉念之間，我們是否能忍人所不能忍，能不能固守理念，這些才是我們真正成功的目標。」

人最常迷失的原因，並不是因爲喪失了目標或理想，而是習慣打著「現實」的藉口，或是緊盯著名利權貴而走偏了人生方向。

其實，我們到底想做什麼，自己心裡很清楚。在實踐的過程中多少都會遇到瓶頸，所以不必對現實做出太多埋怨，只要認眞去做，只要好好地堅持不懈就對了。結果如何並不重要，很多時候在付出的過程中，我們所收穫的往往比最後的成果更爲珍貴。

不墨守規定，才能突破困境

我們要多追求突破而不是墨守成規，雖然跟著制度走比較安全可靠，但換個角度看，那其實也代表我們的心態不求進取！

日復一日跟著地球的轉動而展開慣性活動，我們偶爾也要試著逆向操作，擺脫既定的常規。

那些精采的生活創意正是逆向思考的傑作，勇於打破舊規的人才能突破重圍，看見無限寬廣的蔚藍天空。

指揮官一再強調：「飛行時，不管出現什麼情況，都必須保持隊列。」

對飛行員來說，服從隊長的命令是基本的態度，不能有任何選擇餘地。

不過，漢德卻聽見一位年輕的飛行官問指揮官：「如果領航機撞上了山崖，那麼我們該怎麼辦？」

指揮官思索片刻後，相當慎重地回答說：「那麼，我不希望在山崖邊看到四個一字排開的洞。」

這件事給漢德與年輕飛行員上了一堂很重要的課，因為指揮官的這番話，後來正巧發生在漢德的身上。

在一次飛行中，漢德和同伴排成一字形縱隊，他排在第三位。他們在暴風雪中飛回基地，當時的氣流很大，但他們仍然以五百英哩的時速保持著優美的隊形飛行著。

正當漢德集中精神飛行時，領航員卻瞥見了下面雲層間的黑洞，他預料將會有更惡劣的天氣，因此立即呼叫指揮中心取消飛行計劃。

一旦計劃取消了，也就表示飛行中心不再進行監控，接下來的飛行得全靠飛行員自行控制了。

雲層出現「黑洞」時，意味著將有更惡劣的天氣緊隨其後，就在發現的那一刻，所有飛行員唯有聽天由命了。

他們仍然盡可能保持隊形飛行，但因為不再有任何指示，飛行員們似乎都有些暈頭轉向。當他們衝進厚厚的雲層時，漢德已經看不到另外兩架飛機了，四周茫茫一片。

不過，他們的距離始終如故，因為他們只想著：「身為飛行員，要不惜一切代價保持精確的飛行。」

飛機在漢德的視線中忽隱忽現，他忽然看到領航機和第二架飛機十分接近，在這樣緊急的關頭，即便兩架飛機不相撞，也難保不會有意外。

於是，漢德當機立斷，決定要打破常規，按著自己的判斷力行動。

他用力將飛機拉升，緊接著開啟裝置之後迅速跳傘逃生，他決定放棄隊形的要求，因為如此惡劣的天候，決定片刻都不能遲疑。

漢德下決定時並沒有和領航官通話，大約一個半小時後，漢德在俱樂部看到了領航員，所幸大家都躲過了一場劫難。他們都受過嚴格的隊形訓練，更將天賦、

知識和閱歷三者充分地融會貫通。在最危急時刻，天賦與求生本能讓他們走出死亡線。

就像爲了整合軍心，軍中不得不以紀律來約束士兵，任何團隊也都有一些成員必須遵守的規矩。

齊心團結原本就是促進社會和諧的重要一環，不管身處什麼樣的環境之中，我們都一定有既定的團體制度必須遵守，只是在謹慎遵守之際，我們更要懂得依勢變化，讓規定更靈活運用才是。

畢竟制度是死的，而遵守制度的人是活的。所有規則是依平常情況所制定，鮮少考量到突如其來的變化，所以我們在謹守任何規定時，也要告訴自己：「不能死守規則，凡事都要依當下情況靈活變通。」

就像故事中遇到危難的飛行員，遵守命令固然重要，但是保住性命更重要，既定的規範雖然神聖，但始終還是會出現漏洞。

所以，長官沒有制式地教育飛行員非得「嚴格遵守」，而是間接暗示他們：

「都遇見危機了，那些制度規當然不再適用，因爲眞正的軍人會懂得求生的本能，能夠見機行事、積極變通。」

在不同領域中的人都需要這樣的處事態度，我們要多追求突破而不是墨守成規，雖然跟著制度走比較安全可靠，但是換個角度來看，那其實也代表我們的心態不求進取！

所以，不僅要學習一心團結，也要有積極突破的行動力，縱然突破有著難以預料的危險，但往往也能爆出精采的火花。

從失敗的原因裡聽見自信的聲音

把跌倒的原因找出來，
如此才能真正把問題解決、真正地把弱點補強，
然後大棒一揮，自信地揮出漂亮的全壘打。

勇敢面對，才有成功的喜悅

保持積極樂觀，自然能生活在充滿活力朝氣的環境中，即便遇上困難，也能自信地快快走過、快快突破。

人生沒有挫折，就像烹調時忘了加鹽巴，得不到完美的好滋味。

別苦惱挫折會帶來多大的麻煩，也別擔心困境有多艱難，走過之後自然會知道，正因爲歷經千辛萬苦的調味，我們才懂得享受突破難關的喜悅，知道走向成功的珍貴。

別害怕困境重重，也別氣惱老天爺給了過多的阻礙，只要能勇敢面對，所有險阻將讓我們明白一件事：「沒有走不過的難關。」

凱亞・伯肯很喜歡發明研究，從小便立志要成為發明大家。他曾經研發出一款牛肉餅乾，可惜這並未帶來任何機會，反而讓他陷入財務困境。

第一次失敗後，他又歷經了兩年的試驗，終於研製出一款新產品——煉乳。這個小小的物品讓他正式邁向商場競爭，也成功拿到專利證書。

事實上，伯肯發明煉乳前，市面上已經有許多相似的產品，被稱之為「脫水乳」。雖然伯肯的製作方式與他們不同，但專利申請中心的人告訴他，「脫水乳」的專利權已經太多，且認為他的煉乳與其他人並無不同。

這番說法並未說讓伯肯退縮，他一再提出申請，終於在第四次過關。

伯肯堅持「新鮮牛奶」的製作方式與其他產品不同，不斷地提出製作流程的差異，終於說服了專利局的人員，並讓他們肯定他的原創性。

專利證明拿到後，原以為接下來的行銷工作將能一帆風順，但一切並未如預期。第一個考驗才剛走過，接著又要面臨新的困難與麻煩。

為了能產出高品質的煉乳，伯肯幾乎住在工廠裡，不只親自監督生產過程，還親自檢查衛生情況。為了贏得顧客的心，更主動請來該社區主管作為他的第一位顧客。如此一來，不只給顧客嘗鮮的機會，更為自己爭取到立即的消費者建議，也得到不斷地修改精進的機會。

顧客雖然給予肯定，但要改變普羅大眾的喜好不易，伯肯始終無法真正地跨入這個產業。出師一再受挫，終至讓他們走到了山窮水盡的地步，伯肯與合作伙伴漸漸地失去了信心，這第一家煉乳廠最終被迫關閉。

面對失敗，凱亞．伯肯認真省思，決定破釜沉舟，再給自己一次機會，找來新的工廠和新的合作團隊，這一次，他終於成功了！

從此，他慢慢地達到了自己的夢想，他的煉乳終於站上了美國市場上的領導地位。伯肯過世後，在他的墓碑上刻下這樣一段激勵人心的墓誌銘：「我嘗試，但失敗了；我再嘗試，終於成功。」

讀過伯肯的墓誌銘，想必感到受激勵吧！對又一次遭遇失敗的人，是否從中得到不一樣的啓發力量呢？

故事的旨意，便是我們經常說的「跌倒時再站起來」。

現實生活中，當我們遇上困難低潮時，若能和伯肯一樣充滿勇氣和決心，相信一定能走出難關。這個社會也將因爲大家的積極振作而越來越好，不受景氣忽好忽壞的變化影響。

社會一切終發起於人，每個人都保持積極樂觀，自然能生活在充滿活力朝氣的環境中，即便遇上困難，也能自信地快快走過、快快突破。一如伯肯一樣，雖然運途一再出現阻礙，但只要不放棄，只要決心追求成功，失敗挫折終能成爲將我們導引向成功的最佳助力。

人生沒有眞正的失敗，除非放棄。只要我們堅決走下去，相信自己一定能成功，那麼只管放心地跨出腳步，很快地便能看見豐富的收成。

從失敗的原因裡聽見自信的聲音

把跌倒的原因找出來，如此才能真正把問題解決、真正地把弱點補強，然後大棒一揮，自信地揮出漂亮的全壘打。

面對挫敗，多數人只知道氣惱或懊悔於不理想的經過或結果，可是再多的氣惱與懊悔傾訴，又有何幫助？

不如把問題找出來並積極解開吧！

與其苦惱錯估的某一步，不如立即把那少跨出的一步重新填補上足印，然後繼續認眞、仔細、小心地累積自己的步伐。很快地，我們必能再次聽見自信的引導聲，領著我們邁向成功的目標。

羅森沃德出於德國的猶太人家庭，與家人移居美國後，因家中經濟情況不佳，為了維持一家生計，只得放棄升學機會，中學畢業後便到紐約的某家服裝店打工賺錢。因為猶太教育的影響，羅森沃德天生便有著艱苦奮鬥的精神，相信只要選定了目標，然後堅持不懈地前進，定能走向成功的終點。在服裝市場中學習多年之後，他對自己說：「我要當個服裝老闆。」

從此，為了實現這個目標，他除了在工作中積極學習，更把全部休閒時間運用於專業知識的累積，直到累積了足夠的開店資金為止。

服裝店終於開張了，但實際經營的情況並不理想，一年後，眼看著辛苦賺得的血汗錢全數虧光，商店只好關門大吉。

回到老家，羅森沃德反覆思考著這次經歷，終於讓他找出其中問題——衣服本是人們生活的必需品，但又是一種裝飾品，所以服飾本身既要具實用性，又要具設計感，如此才能滿足所有消費者的需求。

反觀自己之前經營的服裝店，既沒有特色，服裝的計設感更是普通，再加商

品與店名都是消費者聞所未聞的，自然注定要失敗。

找出了原因，羅森沃德便著手一一解決，積極修正經營的計劃與路線，一邊前往服務設計學校學習，一邊積極進行服裝市場考察。一年後，他收集也累積了不少專業的服裝知識，具備挑選設計師的眼光，能精準地掌握市場潮流需求，於是更具信心地再次邁開步伐。

他決定重振旗鼓，於是向朋友借了些錢，先在芝加哥租了一間只有十坪大小的房間作為工作室。在這裡，他除了展出親自設計的新款服式圖樣外，還提供為客戶修改成衣的服務。

羅森沃德的服裝事業漸入佳境，不僅僅因為他的專業，更因為他的努力。無論是款式設計或是經營技巧，他都相當努力地取得客戶的認同與肯定，有了忠實的消費者後，生意自然會日益興旺。

兩年後，他從小小的工作室轉換到大坪數的工作空間，日後甚至成為美國知名百貨公司西爾斯·婁巴克公司的最大股東。

當我們談及事業發展或個人發展時，總不忘「堅持」與「決心」，在故事的開始羅森沃德其實都已具備，但光懂得奮戰不懈是不夠的，還要懂得把失敗的原因找出來。

是的，把失敗的問題找出來，也把跌倒的原因找出來，如此才能眞正把問題解決、眞正地把弱點補強，然後大棒一揮，自信地揮出漂亮的全壘打。

別怕重新開始，也別苦惱現在的問題麻煩繁多。正因爲有問題，我們才知道要即時修改計劃，也唯有透過這些麻煩，才能考驗出自己的不足。

一如羅森沃德，在相準了方向後，便開始積極學習、累積實力，在更一步實踐實驗之後，努力從中找出弱點與缺點。凡事都往正面思考並積極作爲，試想，這樣的人怎麼不會成功？

千萬不要讓自己悶著情緒，煩惱生命的不公或機運的難見，勇敢面對失敗，從困境中尋找出路，從失望中看見希望。

困難，沒你想的那麼難

天才之才，來自他們有解決的企圖心，因為不知道什麼叫作「難」，於是所有事對他們來說都是新鮮的。

遇到新的問題或接下新的任務時，你習慣如何調整因應？是把後續困境或可能出現的難題一一想像出來，還是堅定地對自己說：「向前走，我一定辦得到！」

別把「難」字想得那樣麻煩，好比我們當初習寫這個筆畫繁多的「難」字，只要努力練習，重複幾次，自然能學會。人生也如習字，只要我們不斷地挑戰再挑戰，慢慢地，不只會忘了困難的麻煩，還會察覺人生正因爲有了它，增添不少生活趣味。

一七九六年的某一天，在德國哥廷根大學校園內，一名正值十九歲的學生正專心投入在教授交付的數學問題裡。

平常，他大約能在兩個小時內完成作業，但今天似乎有些不一樣。

只見他和往常一樣，在兩個小時內順利完成前兩道題目，但來到第三道題目後，不管他怎麼筆畫、思考，只覺腦袋越來越亂，問題卻怎麼也解不開。

好勝心被激起，年輕人對自己說：「我一定要把它解開！」

以圓規和直尺比畫一陣，然後讓思路停頓一下，他決定推翻舊有的思考邏輯，從另一個角度去思考理解這道題目，終於成功解了出來。

他伸了伸懶腰，抬頭往窗外望去，才發現已經是早上了，這道題目竟花了他一整夜的時間。

沒想到把作業交出後，教授竟十分驚訝地問他：「這真是你自己做出來的？天哪！你知不知道，你解開了兩千多年前的數學懸案哪！這題目是連阿基米德和牛頓都沒能解出來的問題，沒想到你只用一個晚上就解出來了！孩子，你真是個天才！」

「老實說，這其實是我最近在研究的問題，但昨天不小心把它和習題擺在一塊兒，忘了抽起來。說來，還好我沒有抽起來。」老師笑著補充道。

此人正是數學天才高斯，在這件事之後，他曾說了一段引人玩味的話：「老實說，當時如果有人告訴我，這是一題兩千多年前的數學難題，我想我恐怕無法在一個晚上解決它。」

不管高斯解答的過程，單從最後一段話中尋找問題原因，聰明的你是否領悟到了其中的寓意？

其實，道理很簡單，想一想生活中經常遭遇的情況，不也同樣如此？

當人們告訴我們一般人會怎麼做時，大多數人都會乖乖地跟隨著別人的動作而動作，能拋開「常規」或突破世俗之見，獨立且自主地選擇用自己的方式去進行的人，畢竟爲少數。

人們都會被習慣侷限，也會被既定的印象或大衆的說法而影響，所以當別人說某件事很難的時候，多數人便會產生「恐怕眞的很難」的念頭，於是連試也不試便選擇放棄。

高斯不經意地解出了世紀難題的同時，其實也證明了一件事：「人生沒有真正的難題，只有人們不敢面對也不想解決的自設困境。」

天才之才，來自他們有解決的企圖心，因爲不知道什麼叫作「難」，於是所有事對他們來說都是新鮮的。他們知道只要全力以赴，無論結果如何，總能得到一個好的成果或過程經歷。

沒必要負擔那些無謂的煩惱，只要輕鬆地面對生活中不時出現的困難和難題，自在地迎向未知的問題，所有的困境難題總能在轉眼間拆解。

張大眼睛，就能突破瓶頸

路不是不能走下去，也不是方向不見了，端看是否能從舊有或現有的事物中探尋出新的道路。

別再低著頭了，即使正值落寞低潮，依然要抬起頭看看天空，看看廣大的天地，然後便會明白：「無處不是機會！」

天之所以那麼高，是要讓我們明白生命的未知潛能，地之所以如此廣大，則是要我們明白，無論如何，總有容身之處。

日本東京島村及丸芳物產公司董事長島村芳雄，憑藉著「原價銷售」理念，

不僅為自己成就一番財富，更讓手下一個又一個一貧如洗的店員變成產業大亨。

當年，島村芳雄初到東京時，曾在一間材料廠工作，當時他的薪水很低，和一般娛樂消費完全無緣，唯一的樂趣就是在街頭閒逛，欣賞行人們的服裝和他們手上的東西。

一天，島村又像往常一樣在街上溜達時，無意間發現許多行人手中都提了一個紙袋。那些紙袋其實是商家給顧客裝東西用的，是很普遍且普通的東西，卻吸引了他的目光。

是的，只要思考靈活，總能看見商機與創意。一個念頭閃進島村的腦海裡，他想：「紙袋一定會風行，這生意肯定有賺頭。」

看見了機會，但考慮到自己一無經驗，二無資金，於是他決定用不一樣的經營方式來開拓，就是「原價銷售」。這銷售法是以一定的價格買進，然後以同樣的價格賣出，過程中當然一毛錢也賺不到。

島村先到產地以五角錢的價格大量買進麻繩，然後再依原價賣給東京一帶的紙袋工廠。這樣完全沒有利潤的生意做了一年，島村的知名度漸漸打開，東京人都知道「島村繩索」是最便宜的，訂貨單因而從各地源源而來。

島村見時機已成熟，便開始著手實施自己的第二步行動，拿著收據去向客戶訴苦：「到現在為止，我是一毛錢也沒有賺，只是如果再這樣下去，恐怕只有走向破產的路了。」

幾經交涉，最後客戶們都接受了島村的誠意溝通，願意將交貨價格提高為五角五分錢。

接下來，島村再與麻繩廠商洽談：「先生，您賣給我一條五角錢，而我也是以原價賣給別人，所以才能有今天這樣多的訂單。不過，如果我繼續做這種賠錢生意下去，恐怕會關門大吉啊！」

廠商看了島村開給客戶的收據存根，大吃一驚，驚訝於島村的大膽與犧牲，畢竟還真是生平第一次遇到這樣「不要錢」的生意人。了解實際情況後，他們沒有多加考慮，便將價格降為四角五分。

就在這一收一放間，以每天一千萬條的出貨量來算，日利潤便可達達到一百萬元，島村的成功就這樣在先犧牲後擁有間發生。

如此大膽的動作，想必不是每個人都做得到，事實上想創業經商的人，倒也不必像島村一樣，用如此另類的方式展開事業。故事想要傳遞的道理很簡單，只是犧牲與擁有之間的選擇而已，先付出，然後自然能擁有。

商機處處，敏感的人能從再熟悉不過的小甜甜圈中再創商機、風潮，遇到瓶頸，路不是不能走下去，也不是方向不見了，端看是否能像島村一樣，從舊有或現有的事物中探尋出新的道路。

只要方向找對了，辛勤地努力，自然能等著豐收的時刻。

還悶在家裡怨天怨地的人，何不學學島村先生的活力，即便口袋空空也能發揮人生的智慧，再創巔峰新局。

做工作的主人，不要成為奴隸

別懷疑為何有些人能輕鬆快樂地工作著，順利地達成目標，多數原因只有一個——那是他們想要的。

想一想，今天在工作崗位上，做了些什麼樣的事？又哪些事情讓自己感到愉快且充實呢？

別讓自己的工作流程變成制式的流水帳，每天只剩下一次又一次的「打卡」聲，甚至連怎麼回家或出門都不清楚。

雖然沒有一個「工作」是有趣的，但也沒有一個「工作」是無趣的，只要我們懂得從中找出趣味，必能讓心境像在玩遊戲一樣，快樂地挑戰一個又一個出現

的任務。慢慢地，我們都將明白，原來所有工作都有讓人投入著迷的魅力。

明萬曆年間，為了要抗禦強敵，皇帝決定要重修萬里長城。

然而，當時號稱天下第一關的山海關，因為年久失修，「天下第一關」題字中的「一」早已脫落多時，於是皇上決定募集各地書法名家一同想法子，好讓「天下第一關」恢復氣勢與原來面貌。

消息昭告天下後，各地名士紛紛前來揮毫，卻沒有一人的字能夠表達天下第一關的原汁原味。

於是，皇上再下昭告，雀屏中選的寫手，將有豐厚的賞賜。告示一貼出，前來試「手氣」者更是絡繹不絕，幾經嚴格篩選，沒想到最後中選的，竟是山海關旁一間客棧的店小二。消息一出，當然引來不少質疑，所以題字當天，現場湧進了不少抱著「看好戲」心理的人。

只見筆墨紙硯平放在上，現場一片安靜，大家都等著店小二揮毫。

首先，他抬起頭看了看山海關的牌樓，跟著卻讓人們瞪大了雙眼，因為他不知何故，竟不用狼毫大筆，而是拿起一塊抹布往硯台裡一沾，跟著大喝一聲，右手一揮，以相當快的速度和乾淨俐落的身手將「一」字完成。

「哇！」現場驚呼聲四起，因為那個「一」字勁力非常，且為一氣呵成，顯得如此漂亮完美。

後來，有人問他：「你為何能夠寫出如此漂亮的字？」

店小二聽了，尷尬地笑說：「其實，我也不知道。」

接著他又說：「如果問我為什麼動作能這麼順手，應該是因為我在這兒當了三十多年的店小二，每當擦桌子的時候，我都會望著那牌樓上的『一』字，然後跟著一揮、一擦。日積月累下來，看熟悉也順手了吧！」

正因為地利之便，讓店小二能天天觀賞那個「一」字，慢慢地培養出臨摹到爐火純青、唯妙唯肖的功力。

讀到這裡，相信聰明的你已經領悟了其中旨意，這個故事要和你分享的正是「勤能補拙」這幾個字。

一如故事所示，店小二想必不是個擅於書法的人，但那「一」字爲何能勝過前來挑戰的書法大家？若不是他勤於鍛鍊，又會有什麼原因？

憑擦桌竟能成就絕妙書法，想必連店小二自己也未預料到吧！正在工作中的我們，可以學學小二的態度，不要讓生活流於形式。聰明地將生活與工作結合，慢慢地，我們將更明白快樂工作的道理。

在擦桌時順便看看風景，跟著牌樓上的文字書寫玩樂，必定更覺精神活力和趣味。總覺得工作苦悶的人，不要再抱怨了，應該從中找出「娛樂的元素」，如此才是快樂應對工作的方法。

別懷疑爲何有些人能輕鬆快樂地工作著，順利地達成目標，多數原因只有一個——那是他們想要的。工作之於他，已不只是工作而已，更是生活的一部份，享受生活的方法之一。

聰明把握，減少遺憾錯過

人生當然會有擁有與失去，然而怎樣的擁有才不會帶來更大的錯過遺憾，其中選取，便得靠你我的智慧了。

仔細想想，已有多久了沒有和家人同遊了呢？再仔細算一算，成天拚了命地工作，又到底眞正得到了多少東西？

生活中，什麼東西才是最珍貴的，在每個人心中都有著不同的標準，但無論如何，我們都要謹記：寶貴的東西經常是被人們忽略的。

簡單來說，那些不求回饋、只懂付出的人事物，正是我們終生渴求卻始終不懂珍惜的寶貝。

經過幾個月努力，威爾斯新研發的一款遊戲終於順利地通過了測試，興奮之餘，第一時間想到的正是妻子，想打電話告訴她，不過轉念又一想：「已經半個月沒回家了，先回家再說吧！」

事實上，昨天妻子曾來電要他回家一趟，但正在緊要關頭，他怎麼也不想離開，只得說：「今晚真的不行，明天吧！明天我一定會回去！」

終於回家了，威爾斯一回到家便大聲叫喊著：「親愛的，我回來了！」

但屋裡沒人回應，威爾斯好奇地猜想妻子的去處，突然看見客廳桌上擺放了一張便條紙，上面寫著：「請準備足夠的贖金到梅勒敦公園來，千萬別報警，否則別想再見到你的妻子。」

威爾斯一看，第一個反應便是舉起話筒，但再想到妻子安危，逼得他將話筒放了下來。跟著，他到銀行取走所有的錢，迅速地抵達梅勒敦公園。

四下無人，威爾斯只得慢慢地在公園搜尋，走到湖邊，看見一棵熟悉的橡樹，不由得讓他想起和愛妻在此戀愛談心的畫面。

「貝拉！」威爾斯的心不禁揪了一下。

到底有多久沒來這個公園散步了？威爾斯記不起來，只知道開了自己的公司之後，兩人一起散步甚至是談天的次數便越來越少了。威爾斯停下腳步，靜靜地坐在湖邊的椅子上，想著起這些日子的輕忽，心裡滿是愧疚。

就在這個時候，有個人交給他一張字條，說是一個陌生人委託交付的。威爾斯急忙拆開來看，上面寫著：「請往弗萊理電影院移動，並買一張正在放映的電影門票，記住要選十排二號的位置，到了那兒後，我會再通知你交易的地點。放心，你的妻子現在很好。」

最後一句安慰並未達到效果，因為威爾斯的心越來越慌。來到電影院，他更加努力尋找妻子的身影，這裡也是他們常來的地方，還記得上一次看完電影後，他曾答應貝拉：「下一次我們看完電影，便到紐巴克餐廳吃飯吧！」

這個承諾是在生活狀況不佳時許下的，但等到有足夠的錢後，威爾斯卻沒空實現自己的諾言。

威爾斯想起了承諾，也想起了妻子，根本無心看電影，含著淚水走出了戲院。

這時，又有個人走了過來，並遞了張紙條給他，威爾斯一看，連忙抓住對方，大吼道：「你們到底想怎麼樣？你們把我妻子怎麼了？」

那人似乎被嚇到了，支支吾吾地說：「先生，您說什麼呢？我並不想綁架任何人，我是受一位女士的委託，將這個交給你罷了。」

「女士？」

威爾斯鬆開了手，困惑地看著新的字條，心裡則想著，難道是女綁匪？

「想見你的妻子，請帶著贖金到前面的紐巴克餐廳。」字條上這麼寫著。

「贖金？紐巴克餐廳？」剎那間，威爾斯恍然大悟，飛快地朝著紐巴克餐廳的方向跑去。

就在門口，威爾斯看見了一個熟悉的身影，他走了過去，用力地將對方擁入懷裡，哽咽地說：「對不起，我錯了。親愛的，我想用這顆心作為贖金，請妳再給我一次機會，讓我把承諾給妳的幸福和快樂通通實現。」

貝拉巧妙引導丈夫回顧甜蜜時光的同時，我們看見了生活中經常被忽略的事物，像是親情感情、快樂微笑。

別把「工作忙」當理由，也別再把「以後再說」當託辭，如果每次都要等到失去後才說悔不當初，必將失去生命中最寶貝的一切。

人生當然會有擁有與失去，然而怎樣的擁有才不會帶來更大的錯過遺憾，其中選取，便得靠你我的智慧了。一如威爾斯的故事，當財富越累積越豐富時，我們便該停下腳步想一想，追求金錢之餘，是否錯過了身邊更勝於財富的東西。

別忘了，時間在你我手中，只要我們願意，即便工作再忙碌，也總有時間撥通電話，問候想念的人。

懂得珍惜，才不會嘆息

應當時刻把問題提出來，問一問自己，問自己現在是不是過著想要的生活？再問自己遠望著那些夢想，會不會有嘆息？

經常聽見人們說，等現在某事完成後，就要準備去過最想要的生活，或去珍惜把握最愛的人事物了。只是聽完了這些「最愛」的目標後，最終我們也時常聽見人們說：「如果當初能早一點行動該有多好！」

心中既然已經有了目標，那就去做吧！我們可以將目標分成工作與休閒娛樂，雙方同時並進。至於想把握的人，更沒必要讓自己空自等待，因爲聰明的人會將零碎的時間加總起來，及時與最愛一同完成心中的夢想。

某作家有位金融界的朋友，幾乎天天都在搭機飛來飛去，想找到他，唯一的方法就是透過電話或網路聯絡。

有一天晚上，這個朋友忽然打電話給作家，閒話時，忽然問道：「如果你有機會只用一塊錢來買死亡時間，你買不買？」

作家想了想，說：「不買。」

朋友不解地問：「為什麼？」

作家笑著說：「人生最大的痛苦，莫過於知道自己的死期，走向死亡的感覺是很悲慘的。我認為，最好的情況是死亡突然出現，而我們根本來不及思考，生命就終止了。」

朋友聽了，沉默了好一會兒，說：「我買。」

作家有些疑惑，問道：「什麼？」

「我會選擇買下死亡消息，因為，死亡若是突然來臨，我怕會有遺憾，因為我還有許多想做的事和喜歡做的事，很不想把它們帶進墳墓裡。不過，我只要在

十天前知道就好。」朋友說。

作家問：「那這十天你要做什麼？」

朋友回答：「有五天要給我的家人，我要好好地陪他們，因為我整天忙著談判、簽合約，一整年難得回家幾次。唉！我覺得很對不起家人，我經常告訴他們，等公司業務發展好了，會陪他們去旅行，可是現實情況讓我一直拖延，承諾始終無法實踐。至於另五天，要給自己，我要去做一些自己最喜歡做的事，比方到嚮往已久的山林田野中生活。」

作家聽了，笑著問朋友：「你說的這些事情，其實都很簡單啊！為什麼不現在就做呢？」

朋友嘆了口氣，說：「我也想現在做啊！可是真的忙得沒有時間！」

作家聽了默不作聲，靜默了幾秒之後，朋友補上一句：「也許，我不應該等那最後的十天……」

聽見作家友人的最後一句，不知帶給了你多少啓發？

「等待」這兩個字相當奇妙，有些快樂似乎眞的得耐心地等一等才能得到，可有些時候卻禁不起等待，讓人多添遺憾。

那，究竟應該怎麼辦？

其實，當我們心中出現無數個問號時，正是重新思考眼下生活的最佳時機。我們都知道，生活本來就沒有標準模式，人生更沒有標準道理，不想留下遺憾的人，應當時刻把問題提出來，問一問自己，問自己現在是不是過著想要的生活？再問自己遠望著那些夢想，會不會有嘆息？多問自己當下的心情感覺，然後再聰明地學會怎麼捨下，或怎麼擁抱吧！

回到故事情境，或者我們可以一同思考買不與買的問題。若是買了，接下來該怎麼面對死期？若是不買，接下來我們又該怎麼做，才不會留下遺憾？

畢竟，人生就在你我的手中，什麼才是最想要的，什麼才是眞正值得等待與及時把握的，答案早在你我的心中。所以，現在，我們只需要給自己一分鐘，仔細地想一想：什麼是我應當聰明捨得放下的，又有什麼是我當下應該及時把握珍惜的？如此，必能讓人生更圓滿，更少遺憾。

6.
PART

大方表達 心中的想法

我們永遠也無法預料到即將遇到什麼，
因此我們隨時都要把握機會表現自己，
全力展現自己的創意。

要看見問題，更要有積極解決的動力

處理事情不能感情用事，無論遇上什麼樣的問題或狀況，必須懂得拋開情感，如此才能讓理智主導。

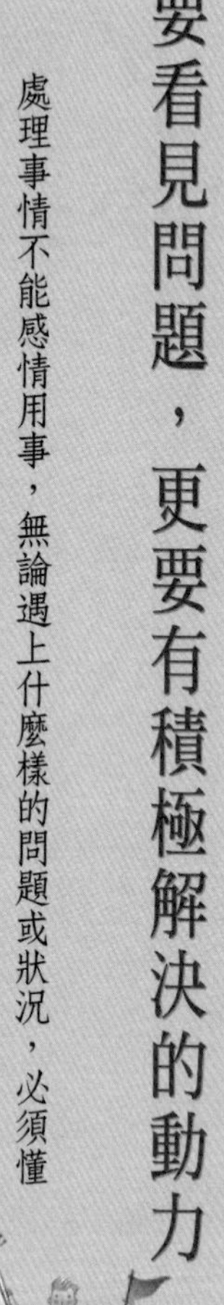

發現問題，與其追究問題從何而來，或者苦思未來會怎麼演變，倒不如立即解決，如此才能避免問題繼續發展或變大。

生活難題雖然常見，人生困境雖然常發生，但聰明的人不會把問題攬在身邊，一味想「爲什麼」，而是會直視著問題，並告訴自己「要怎麼辦」。

他們知道，不讓難題惡化下去，也不再讓困境成長空間的唯一方法，便是看見問題。只要把心力用在對的地方，那麼所有的困境，自然會轉眼消失在你我的

眼前、心間。

今年公司業績不如以往，老闆謹慎找出原因，明白不能全怪罪於員工，只是財務問題確實嚴重，人事開銷沉重，再加上馬上就要年終，讓他苦惱不已。

照往年慣例，年終獎金至少都會發放三個月工資，但今年情況大不如前，他仔細撥著算盤，發現最多只能發放一個月的年終獎金。

「這可怎麼辦？要是被員工們知道，士氣恐怕要一落千丈，真不知道要怎麼處理才好！」老闆苦惱地對經理說。

經理搖了搖頭說：「是你慣壞了他們，當然得由你修正。這就好像給孩子糖吃，平時每次都抓一大把，如今突然想改成兩顆，他們當然會鬧情緒。只是眼前情況，我們已無多餘的心力顧及他們的情緒，這問題不解決不行了！」

「嗯！」老闆沉默了一會兒，忽然呼了一聲：「對！說到糖，讓我想起小時候買糖的經歷。那時我很喜歡找某一個店員，因為他每次量都會抓不足，然後再一顆一顆地加到我手心，但其他店員都是先抓一大把，然後再一顆一顆的回扣。

雖然最後拿到的糖果數量沒什麼差異，但我就是喜歡前者。人心大同小異，對事情的感覺應該不會差太多。」

於是，老闆和經理終於討論出方法。

幾天後，公司內部突然傳出一個八卦消息：「由於經營業績不佳，年底恐怕會裁員，目前高層正在研擬具體的實施方案。」

消息一出，立即引起騷動，人心惶惶，每個人都害怕丟飯碗。基層員工便想著：「一定從我們下手開刀的，因為企業裁員大部分都是從基層開始。」

而主管階級也想：「我們的薪水最高，為了降低成本，老闆恐怕最想將我們處理掉！」

一段時間之後，老闆終於宣佈：「各位，公司經營雖然艱苦，但我沒有忘記各位的努力，團隊精神是同甘共苦，我不會犧牲任何一個人，只是……今年的年終獎金恐怕發不出來了。」

聽說不裁員，所有人都放下了心頭的大石，至於年終獎金的問題完全被忽略，畢竟能把工作保住才是最重要的事。

新年將至，大家心理都已準備好過個樸實簡單的年時，老闆又忽然召開主管會議。看著主管們匆匆上樓，所有員工面面相覷，心裡紛紛出現問題：「難道又變卦了？」

幾分鐘後，主管們紛紛回到自己的單位，然後開心地宣佈說：「各位，今年仍有一個月的年終獎金，明天就發下來了。」

大家聽見這個消息，登時歡聲雷動。

對這間公司的員工來說，他們是幸福且幸運的，畢竟在這樣艱苦的時候，老闆仍然願意照顧下屬，實屬難得。只是這裡透露出來的，卻不是要我們明白好老闆與好員工的重要，而是要掌握處理危機的智慧。

明知道問題已經出現，過多的人事情感顧慮便是多餘的，畢竟不管前例爲何，也不管昨天怎麼承諾，都要以現況爲準，拿出當機立斷與變通處理的智慧。

朝四暮三雖然機巧，但問題畢竟解決了不是嗎？

能勇敢面對，用誠意解決，不只現實困難可望立即解除，同時也能安撫人心。

無論遇到怎麼樣的困境或瓶頸，唯有積極將問題解決才是聰明之舉，一味地拖延，一味地等待奇蹟，是最不切實際的思考角度。

若是問題始終未見改善，不僅徒然讓自己困在窘境中，甚至徒然消耗掉陪伴在你我身邊合作伙伴的信心與支持。

一如故事中的主角，處理事情不能感情用事，無論遇上什麼樣的問題或狀況，必須懂得拋開情感，如此才能讓理智主導。期望走出困境，唯有面對問題，然後積極解決問題，才能真正等到共創新局的時機。

每天都要認真地生活

每次吹熄一根蠟燭，我們便越接近人生盡頭，關於明天的事，我們不必想太多，只要知道好好珍惜，竭盡所能地生活就夠了。

一個人唯有徹底認識自己，才不會浪費無謂的生命，也唯有懂得生命眞諦的人，才可以使短暫的生命無限延長。

不想人生有所遺憾，每一天我們便要用心生活；不希望生活再有後悔，每一刻我們都要珍惜把握。

每個人的生活環境大致相同，彼此生命中所能遇到的機會也幾乎均等，關鍵在於，如果有人比你更加樂觀、努力，那麼他的成功機會自然比你還多，生活也會過得比你快活。

剛剛吹熄五十五根蠟燭的愛迪生，連蛋糕都還沒吃，老朋友便問他：「愛迪生，你已經五十五歲了，未來還有什麼計劃嗎？」

愛迪生感覺朋友對他的生活似乎有些疑惑，因此想也沒想立即給了他一個答案：「不必計劃了！因為從現在開始到我七十五歲生日那天，我會一直待在實驗室裡工作。」

「那七十五歲以後呢？」老朋友繼續追問。

「除了實驗室裡的那些研究工作之外，在七十七歲時，我會去學橋牌，然後在八十五歲的時候，只要我還活著，我一定會去學習高爾夫球。」愛迪生簡單地說著。

這時，另一個老朋友又問：「那九十歲以後呢？如果你活到九十歲，之後的生活怎麼規劃？」

愛迪生笑笑地聳一聳肩說：「九十歲？誰知道九十歲會怎樣，我的計劃從來

不會超過三十年！」

人生果然走得很快，轉眼間，愛迪生的七十五歲生日宴會已經開始。這天，又有人出題問愛迪生了：「請問您未來的計劃是什麼？」

愛迪生瞇著眼看了看他說：「我沒有其他計劃，因為我只想竭盡所能的工作，因為我在實驗室裡一直都十分快樂。只要還有時間，我會讓腦海裡那些數不清的想像一一實現，總之，我還有好幾年要忙吧！」

果然，愛迪生從八十歲又開始了新的人造橡膠實驗，一直到八十四歲去世前，他還埋首在實驗室裡。

人生會在什麼時候終了，到底應該在什麼時候停下腳步休息一下，答案從來只有我們自己知道。

雖然，愛迪生大師沒有明確地指出答案，但是在吹熄前的燭光裡，他卻讓我們看見生命中最重要的事：「無論生命走到哪一個階段，每吹熄一次蠟燭，我們便越接近人生的盡頭。關於明天的事，我們不必想太多，只要知道好好珍惜，竭盡所能地生活就夠了。」

我們也見到，愛迪生終其一生都在實驗室裡努力著，像他這樣積極認真的人，生活不需什麼特別的計劃，只要每天都過得快樂與滿足，每一天都沒有後悔與遺憾便已經不虛此生。

不必搜尋別人的生涯計劃書，想要讓自己的生活過得充實快活，只要細心咀嚼愛迪生的這句「積極生活」就夠了。

第一次是嘗試，第二次就要全力以赴

人生難免會有些遺憾的事，我們不必太過自責，畢竟每件事都有現實考量，只要我們已經盡了全力，就沒有什麼事值得後悔。

人生最大的遺憾其實不是目標沒有達成，而是不知道自己走錯了路。人生最讓人懊惱的，不是沒能堅持到最後一秒，而是不曾努力過。

很多時候，第一次都只是嘗試錯誤的過程，只要我們能從錯誤之中吸取經驗、記取教訓，那麼捲土重來之時，我們就能充滿信心地全力以赴，愉悅地享受勝利的果實。

為了成為第一個橫渡英吉利海峽的游泳健將，有位女選手每天都非常努力鍛鍊體力。為了迎接這個歷史性的一刻，她必須做好最充足的準備。

實現夢想的這一天終於來到了，女選手帶著滿臉的自信現身，在人們的加油聲中與大批媒體的關注下，她以優雅的姿勢一躍而下，接著便奮力地朝著海峽的對岸游去。

剛開始的天氣非常好，這也讓她可以清楚地朝著目的地方向前進，但沒想到就在她游到一半時，海上突然飄來了陣陣濃霧。

不一會兒工夫，連一直跟在身邊的救護員都看不見了，茫茫大海中，她完全失去了方向感：「怎麼辦？我要游往哪個方向？」

選手開始有些慌張了，這片伸手不見五指的濃霧已蒙蔽了她的信心，越游越心慌的她，終於控制不了心中的恐懼，最後不得不宣佈：「我決定放棄！這霧實在太大了，讓我完全抓不到方向感。」

只是，當救生艇將她救起時，她才發現，原來只要自己硬撐下去，再游一百多米就到對岸了。

上岸後，她十分懊悔地說：「唉，早知道距離岸邊已經這麼近了，無論如何我都應該要堅持到底的。」

隔了一段時日，再次進行挑戰之時，她牢記著第一次失敗的經驗，終於成功地締造紀錄。

從運動精神的角度思考，「堅持到底」當然是運動家應有的表現，然而從現實情況來評估，我們不必每件事都要「堅持到底」，因爲，開始與過程才是人生最重要的部份，至於結果只是嘗試錯誤的參考罷了。

因此，我們沒有必要爲失敗而傷心難過，只要在過程中受益良多，那麼我們就會加以修正，讓自己得到最好的結果。

其實，人生難免會有些遺憾的事情發生，只是，在面對遺憾的同時，我們不必太過自責，畢竟每件事都有現實考量，只要進行之時我們已經盡了全力，就沒有什麼事值得後悔。

千金難買早知道，但只要修正錯誤，就不會繼續苦惱。

故事中的女選手，第一次挑戰時雖然最終目標沒能達成，但是她畢竟盡力了。如果當初她眞的堅持下去，萬一偏離了方向，換來的說不定是更加遺憾的結局，不是嗎？

正因爲這一次的放棄，使她充分了解海上氣候對心理因素的影響，對於締造紀錄有了更堅定的信心，終於彌補第一次失敗的遺憾。

問題不能只看一面，每件事我們都要能做出全面且周詳的評估，下一步到底要繼續堅持，還是保留實力下次再來，全賴聰明的你做出智慧的選擇。

大方表達心中的想法

我們永遠也無法預料到即將遇到什麼，因此我們隨時都要把握機會表現自己，全力展現自己的創意。

沒有人可以武斷地否定別人的想法，相對的，我們也不必因爲別人的一句否定而放棄主見。

生命的當下充滿任何可能，別害怕你的想法太過前衛，也別擔心你的創意太過大膽，社會的進步全靠超越當下的思維，所以大方表現你的想法，也許你能讓創見及早展現。

戴維剛剛制訂出一個簡化工作流程方案，並且相信，這個新方法可以讓公司產量提高百分之二十五。

當戴維把自己的方案推銷給ＩＢＭ公司的幾位主管時，每個人都對戴維解說的縮減流程與節省成本印象深刻，對此方案深具信心。

一個星期過後，戴維被請到ＩＢＭ公司的董事會，與所有股東面談。他們將對戴維的簡化製造流程方案進行最後審查，決定是否採納。

戴維自信地說完整個計劃後，有位身兼股東的女主管忽然問道：「新的程序可以節省多少錢？」

戴維告訴她：「一秒鐘就可以節省一百美元。」

這個答案令女主管有些吃驚，不敢置信的她旋即說：「好，請立即證明這個理論給我們看。」

戴維點了點頭，離開座位後竟朝著她直接走去，然後從自己的口袋中拿出了一張百元的美鈔。

刷地一聲，戴維忽然將美鈔撕成了兩半，其中一半還遞給了這位女主管。這

個動作嚇了她一跳，因為她完全沒料到戴維居然會用鈔票來做實驗。戴維說：「當妳看完了我的證據之後，如果我不能達成目標的話，我會把剩下的另一半鈔票交給妳。」

一般來說，主管們是不會這麼急躁地要求實驗證明，這一次情況確實有些特殊，但不管情況如何，戴維已經成功地化解了危機，而且是藉著主管們急躁的個性化解掉的。

戴維的論證非常成功，利用「撕成兩半」的紙鈔，他成功地坐上行銷部門的主管的位子，在誇張的推銷方法中，戴維不僅讓「一百元美金」回復完整，更證明了自己的才能確實可靠。

生命中的每個難關都提昇精神意志，增加本身能力的磨練，唯有選擇樂觀面對，才能替自己創造更多機會。

大多數人都是被動而習慣等待的，只有主動的人才能掌握先機。

大多數人只懂得規規矩矩地推薦自己，只有具備創意靈活的人才能成功地行銷自己。就像故事中的戴維，因爲他主動積極且思考靈活，最終總算贏得衆人的支持與肯定。

試想，如果你怎麼也不肯主動出擊，積極地自我推銷，那麼，你認爲自己能有多少業績？

我們永遠也無法預料到即將遇到什麼，因此我們隨時都要把握機會表現自己，全力展現自己的創意。

想擁有機會就不能害怕出糗，腦子裡既然不斷地湧現創意，就不該讓它停滯下來，因爲一旦錯失了靈感，想再找回恐怕不易。

手上的機會你會怎麼把握

用心領略書中的旨意與知識，活用到自己的生活中。仔細推敲主角人物的成功經歷，然後看見自己的希望未來。

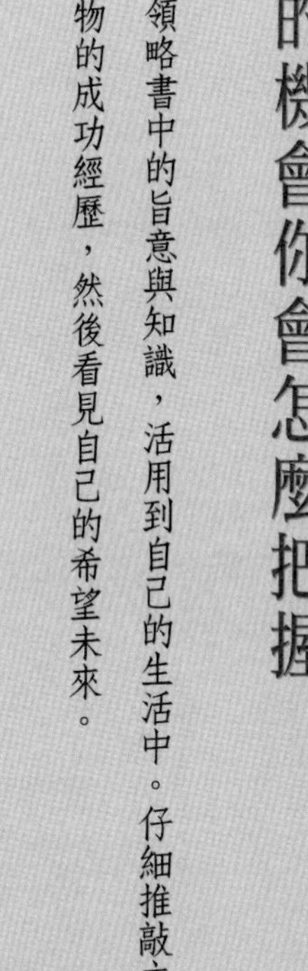

日本心理學家石川達三曾說：「對於不懂得充實自己的人，就算揚名立萬的機會出現，又有什麼用呢？機會一向嘲笑不肯努力的人。」

人生就是這麼一回事，你多把握住一些，生活就會比別人多擦出一點炫麗火花；只要我們能比別人多發揮一些，人生自然會比別人更加精采。

有一天晚上，在喀山附近有一間房子突然失火，不久便竄出熊熊烈火，眼看大火就要吞噬整個房子了，就在這個時候，突然有個年輕人雙手抱著木箱，從閣樓窗口一躍而下。

跌坐在地上的年輕人身上還不斷冒著煙，但才剛逃出火口的他，一點也不顧自己的安危，立即起身，著急地拾起因為木箱摔破而灑落一地的書本。

這個年輕人正是俄國文壇最重要的人物之一，高爾基。

高爾基有句名言是這麼說的：「書是人類進步的階梯，更是所有年輕人不可分離的生活導師和伙伴。」

所以他不顧生命安危，衝上閣樓搶救這些書，雖然為了救出這幾本書，他的頭髮被燒光，衣物也被燒壞了，但是當他看見一本本完好無損的書，一切犧牲都是值得的。

據說，高爾基的閱讀習慣是外祖母給的。從小便經常在他耳邊講述民間故事的外祖母，雖然很早就離開他了，但是他愛好閱讀的習慣卻從未消失，即使十歲就被迫休學，也從未放棄任何閱讀的機會。

高爾基十歲開始過著流浪生活，不過這段流浪生涯卻帶給他極其豐富的靈感

來源與創作題材。

有一回，他找到一份在輪船上洗碗打雜的工作，在這裡遇上了人生中的第一位老師，廚師斯穆勒。

由於斯穆勒是個愛書人，所以也經常要求高爾基要多看書，偶還會要求高爾基朗讀書籍內容給他聽，這些經歷也促成了高爾基愛書的習慣，因為高爾基相信讀書的意義極大！

這時開始，高爾基與「書」結下了不解之緣，雖然只有兩年的小學教育，但高爾基並不自卑，反而更懂得把握時間學習識字、寫字，一天辛苦工作完後，晚上便是他最重要的讀書時間。

由於晚上不能點燈，高爾基便偷偷地收集燭盤上的蠟油，利用沙丁魚罐頭燃燒著短棉線的光源，積極地讀書。在這樣艱苦的閱讀環境下，他總是這麼告訴自己：「這些書是你唯一的希望。」

高爾基千方百計地找書讀書的奮鬥歷程，想必讓隨處都有著閱讀機會，卻不

知珍惜的我們深感汗顏吧！

愛書惜書的高爾基，珍惜著每一個閱讀機會，因爲他看見的不只是書中文字，還有從書中見到的人生新視野。

對高爾基來說，生活原本就充滿各種可能，即使這一秒吃盡苦頭，只要不輕易放棄自己，下一秒自然能看見未來希望。

所以，面對困厄艱難的人生，他沒有抱怨，只有微笑以對。因爲從書中他領悟到：「用心領略書中的旨意與知識，活用到自己的生活中。仔細推敲主角人物的成功經歷，然後看見自己的希望未來。」

智慧，讓你在失望中看見機會

少了智慧，我們便少了生活的領悟，更少了微笑面對困難的勇氣；少了希望，我們便少了樂觀態度，也少了積極突破困境的鬥志。

人生中最重要的事，不在物質上的享有，而是領悟生命；眞正富足的生活，不在金錢財富的累積而是心靈上的充實。

所以，身爲父母親，與其給孩子們金錢，還不如送給他們足以影響一生的智慧作爲禮物。

迪樂雖然出生在貧窮人家，但在溫暖和諧的家庭氣氛中，從不覺得家境貧困有什麼不好。

當有錢的小孩們享受著富裕的生活時，迪樂從不羨慕，因為父親經常對他說：「孩子，精神的富足與快樂才是真正的快樂。」

冬雪開始輕飄，耶誕節就快到了，玩伴們也紛紛帶來了父母贈送的耶誕禮物，有人直接將新衣服穿出來，有人則帶著金飾甚至是金幣四處炫耀。

看見朋友們個個都大豐收，迪樂忍不住嘟著嘴來到父親身邊，問道：「爸爸，我的耶誕禮物呢？」

迪樂的父親一聽，立即笑著說：「別擔心，你的禮物早就準備好了。」

迪樂聽見父親的話，臉上立即堆滿了笑容。只見父親拿了一個小竹筐，裡頭裝滿了一顆顆飽滿的馬鈴薯。

迪樂似乎有些失望，這時父親立即開導他：「孩子，你可別小看這份禮物哦！想一想，你可以把它們拿到鎮上去換些自己想吃的零食，還可以現在就把它烤來吃，當然，你更可以等到春天來臨時，再次把它們種進土裡……總之，無論你想怎麼處理，這一筐馬鈴薯現在完全是屬於你。」

迪樂想著：「雖然它不像金幣那樣漂亮，也不像新衣服那樣舒服，不過也不錯，我不但可以拿一些去換點零食，其他的晚一點烤來吃，剩下的還能種進土壤裡等待豐收。」

決定之後，迪樂在第二年春天來臨時便將馬鈴薯種進土裡。

這年春天，當地遇上了一場嚴重的蟲害，遮天敝日的蝗蟲幾乎把植物全啃光了，唯獨迪樂的馬鈴薯除外。

蟲災過後便是飢荒，富人們捧著金幣卻買不到一粒米糧，只有迪樂一家人尚有馬鈴薯可以充飢，善良的迪樂還將多餘的馬鈴薯分送給眾人，總算讓大家度過這個荒年。

迪樂直到這一刻才明白：「他們擁有的只是片刻的快樂，但父親給我的卻是一個希望，一個可以一輩子快樂的希望。」

在猶太人的教育中，父母都會灌輸他們的孩子這個觀念：「孩子，你什麼都可以放棄，唯獨智慧不可以。好好累積你的智慧，因為有一天你會失去一切，唯

獨智慧不會消失。」

這是猶太人堅持傳承的生活智慧，也是我們應該學習的生存之道，就像故事中迪樂的父親一樣，只要我們能用心體會其中的教訓，無論眼前遇到了什麼阻礙，我們都能見到希望之光。

「智慧」與「希望」是生命中重要的伙伴，少了智慧，我們便少了生活的領悟，更少了微笑面對困難的勇氣；少了希望，我們便少了樂觀態度，也少了積極突破困境的鬥志。

想遠離危險，便要學會忍讓

許多人忽略了自己的能力有幾分，老是硬著頭皮爭面子，稍稍被人欺負便急著還擊，最終卻反而又多吃了幾記悶虧。

曾經叱吒風雲的拿破崙曾說：「發生一件事情時，善於分辨它是時機還是危機，然後用正確的方法面對，這是極為難得的智慧。」

祈求平安的最好方法，不是天天燒香拜佛或對上帝禱告，而是要隨時謹記著「能忍才能安」的道理。

畢竟，人們最缺乏的就是「掌控情緒」的能力，因爲老是忍不住想發飆，或是想逞英雄，於是，造成情緒失控，引來了一些無謂的爭端，也樹立了許多不必要的敵人。

這天傍晚，愛德華到迪西家找他一塊兒到公園散步，兩個老朋友一邊走著，一邊開心地高聲交談。

就在這個時候，有一隻大黑狗突然從一戶人家的左側大門口跑了出來，兇猛地朝著他們兩個人狂吠，緊接著，又從這間大宅裡接二連三地跑出了幾隻看家犬，把愛德華和迪西兩個人視為小偷，不住地朝著他們吠叫。

狗兒的聲音越來越大，吠叫到最後，連街邊的流浪狗也被引來了，一起加入狂吠的行列。

眼看整條街聚集了一大群狗，愛德華有些恐懼，身體不住地顫抖著，接著更忍不住彎腰拾起一顆石頭，等待突圍的時機。

迪西看見愛德華舉起了手想對這群瘋狗丟石頭，連忙制止他：「老朋友，你別做傻事了！隨便牠們叫吧！只要讓牠們感覺我們不具攻擊性，我們就沒事了。你越是向牠們挑釁，越容易被攻擊，我們只管走我們的，慢慢來，千萬別回頭看，

自然會沒事的。」

只見愛德華和迪西兩個大男人像女孩踩著蓮花步似地輕緩無聲，才五十步的路卻花了他們一個小時的時間，不過，狗叫聲果真慢慢地遠了，兩個人也總算脫離險境。

相信有很多人也和愛德華他們一樣，都有過被狗追逐的經驗。不論是騎著腳踏車，還是飛快的摩托車，如果被狗盯上，車行的速度越快，狗的追擊速度也會變得飛快，車子忽然停住，狗也會跟著停止追趕，甚至還會往後退了幾步。

你知道爲什麼會這樣嗎？

道理很簡單，生命的第一要件是「求生存」，除非是生命受到威脅，否則牠們不會輕易做出反擊。一看苗頭不對，動物們寧願轉身逃跑，也不願勉強頑抗，這是萬物的「自然法則」。

仔細反省人們的處世方法，許多人忽略了這個法則，情緒一上來便忘了自己

的能力有幾分，老是硬著頭皮爭面子，稍稍被人欺負便急著還擊，最終卻反而又多吃了幾記悶虧。

仔細想想，爭來爭去最終又得到了些什麼？

何妨學學故事中愛德華和迪西的隱忍退讓，隨時懂得退一步，因爲，謙卑不會讓我們失去什麼，只要我們能按捺住自己的情緒，不再隨便發作，退一步反而海闊天空。

7. PART

別灰心，因為你一定行

聰明人都知道，
只要不抱著垂頭喪氣或自私放棄的心態，
即使前方出現大石阻擋，
還是能氣定神閒地找到前進的出口。

決心實踐就一定能實現

是否有決心向上？又是否有決心吃苦耐勞？只要答案是肯定的，任誰都有機會出人頭地。

在你我生活周邊，有許多生活困苦的孩子。他們比一般人更懂得逆境中積極求生的道理，也懂得珍惜把握所有的學習機會，雖然無法像其他有錢人家的孩子一樣多元學習，但在有限的學習機會中，往往能創造出富裕人家的孩子所達不到的奇蹟。

只要願意，每個人都可以改變自己的人生。聰明如你，別苦惱生活的困厄，也別埋怨出生背景不如人，因爲只要你願意，你也可以引著身邊的人一同走出困厄，靠著自己的力量改變未來的價值。

希勒爾是猶太民族熟悉的不凡人物，年輕時候的他一心想專研《猶太教則》，但因為得養家餬口，不只時間不多，更沒有錢去進修學習。

幾經評估計算後，他終於找到了一個兩全的辦法，那便是邊工作、邊讀書，生活所得約一半用於生活，另一半則送給學校的守門員。

「請收下！」希勒爾把錢遞給守門員。

「做什麼？」守門員不解地問。

「請讓我進去聽課，我真的很想聽聽賢人們說些什麼。」希勒爾十分誠懇地請求道。

希勒爾不斷地肯求守門員，最後對方答應了他。希勒爾終於靠著這個方法走進學習之門，努力學習自己渴望已久的知識，只是他賺的錢不多，後來甚至連一片麵包也買不起。

然而最令他難過的，其實並不是飢餓，而是守門員看他帶來的錢越來越少，便拒絕讓希勒爾走進校園。

「求求你！」希勒爾懇求道。

「不行，你走吧！」守門員依然嚴詞拒絕。

好不容易有了開始，希勒爾當然不可能輕易放棄，特別是在自己的求知慾望正高的時候。

後來，他終於想出了一個辦法，悄悄地爬上了學校的牆壁，然後再悄悄地來到教室的天窗上。如此一來，他就可以清楚地看見教室上課的情形，還可以聽到教師們講課的聲音。

安息日的第二天，學生們照常到學校去上課，屋外燦爛的陽光，讓人完全忘記昨天內的氣候有多嚴寒。

「咦？外面明明是大太陽，怎麼教室還這麼暗？」一夥人不解地討論著。

「天哪！你們看！」這時，有個學生指著天窗驚呼。

是的，那正是希勒爾，為了等待上課，他已在天窗上躺了整整一夜，度過寒冷的夜晚，滿身都是白雪，幾乎被凍得半死。

這樣讓人動容的求知精神，使得希勒爾成為猶太智者。之後，舉凡有猶太孩子以貧窮或者沒有時間為藉口，不肯去上課或學習，人們都會這樣問他：「你會比希勒爾還要窮嗎？你會比他還沒有時間嗎？」

社會資源越來越易得的同時，人們也越來越不懂得珍惜，當求學路大開，人人都有機會學習時，或許我們應該想想：這一路走來，認眞把握了多少，又用心且珍惜地將知識學問累積了多少？

或者，我們也可以同樣地問一問自己：「我會比希勒爾還窮嗎？我會比他還沒有時間嗎？」

當孩子們喊著讀書很累時，當大人們喊著工作好辛苦時，或許希勒爾的故事能讓你我明白，其實活在現代的衆人眞的很幸福。至少，大家學習的機會是公平的，至少能吸收知識的地方很多，不必像希勒爾那樣辛苦的趴在天窗上或躲在角落裡聽課學習。

別再抱怨生活，人生本來就不該有那樣多的埋怨，因爲上下比一比，很多時候，我們真的是很幸運的一群。

靜下心問問自己：是否有決心向上？又是否有決心吃苦耐勞？只要答案是肯定的，任誰都有機會出人頭地。

所以，別再抱怨工作辛苦，也別再抱怨讀書辛苦了，別忘了苦盡甘來的道理。等你苦頭吃盡，自然能走到豐收的時刻。

別灰心，因為你一定行

聰明人都知道，只要不抱著垂頭喪氣或自私放棄的心態，即使前方出現大石阻擋，還是能氣定神閒地找到前進的出口。

聽見人們鼓勵「一定能走出難關」或「一定會有轉機」時，不知道你做何感想，是感到壓力重重，還是開心自信地接受，然後也堅定地相信自己一定能開創新機呢？

成功者會說，少了困難，生活就會少掉許多趣味感；多一點難題，人則會變得更加有活力。

別再氣惱於方才的失敗，也別再煩惱難題太多；積極振作一點，也樂觀活潑一些，堅決相信自己一定能突破難關，你就一定會成功。

亞蘭是美國聯合保險公司的一位推銷員，為了成為超級推銷員，他努力實踐由激勵大師與心理學中學到的積極心態與運用技巧，不斷訓練自己，提升自己的戰鬥力。

但一切卻未如願地發生，他遭遇的第一個厄運，在某個寒冷的冬天發生。亞蘭走遍了威斯康辛州的大街小巷，十分辛苦，但付出卻丁點回報也沒有，一整個冬天，竟連一張保險單也沒有簽成。

「為什麼會這樣呢？」他不斷地反問自己。

如此的結果當然讓人感到挫折，亞蘭想到自己是那樣的努力，卻總不見成功，自然免不了失望落寞。

但再失望也不能放棄希望，亞蘭又想起學習到的激勵力量與智慧，對自己說：「一定是哪裡出了問題！」

思索著招致失敗的原因，亞蘭有效地轉化了負面情緒，進而積極地決心找出

問題並修正行銷技巧。

他不只忘了吐怨氣，也甩開了哭泣的低潮情緒。

「等著瞧吧！今天我要再次拜訪那些顧客，我會賣出比你們的總和還要更多的保險單。」亞蘭走出辦公室前，向同事們宣示企圖心。

其中一個好朋友說：「我知道你一定行！」

是的，亞蘭一定行，他有過人的決心毅力，同事們也都肯定他付出的努力。這天，再回到辦公室時，亞蘭帶回了六十六張新保單，完成了他的承諾。

事實上，亞蘭並沒有找到新的客戶，他只是重回到那些社區，再次拜訪了曾與他談過話的每一個人，並用了不同於過往的溝通方法與技巧。

如此成功確實不容易，對亞蘭來說，若不是昨日的挫折，或許激不起他的決心、動力。從消極到積極，一切只在一念之間，便決定了失敗與成功。

我們常聽見信心和決心的力量，也常說毅力和耐力相當重要，但往往只是從別人的身上看見或發現，在自己身上便不易看見，是不是呢？

其實，不是我們看不見，而是每到關鍵時候便忘了決心和毅力，一遇到挫折便失去了耐心與信心，自然遲遲無法獲得成功。

聰明人都知道，只要不抱著垂頭喪氣或自私放棄的心態，即使前方出現大石阻擋，還是能氣定神閒地找到前進的出口。

忘記跌倒時的痛，只要記得提醒自己再站起來，自然會激發面對的勇氣。忘記失敗，只要記得繼續努力，自然會看見夢想的目標。

有積極的心態，才有成功的未來

只要你想走向成功，就積極且堅持地走下去吧！要面帶微笑，以無比的自信與決心迎戰，相信成功之路很快便會在你我面前展開。

不要怨怪工作麻煩，也不要怪責環境太差。應該憑自己的能力成就事的圓滿，而不是由事情成就我們的快樂。

所以，停止埋怨或責怪別人的聲音吧！所有事情都會出現狀況，要究責、要找出問題，別老是先從別人身上找起，因爲關鍵通常是出在自己。

美國保險業鉅子克里蒙・斯通生於一九〇二年，因為父親早逝，由母親獨立

撫養長大。

斯通十歲那年，母親在底特律投資了一家小型保險公司，主要業務是替某壽險公司推銷保險業務。這間公司裡只有一個推銷員，正是斯通的母親，收入來源則為代售保險後所抽的傭金。

斯通十六歲那年的某個夏天，母親帶著他一同出去推銷保險，走到母親要求的大樓前，他開始躊躇不前。

「孩子，去試一試，你一定可以的！」母親鼓勵著他。「你做了並不會有任何損失，說不定還會有大收穫呢！就去做吧！馬上就做！」

只見斯通精神一振，跟著便大步走進大樓裡去。

結果有兩個人買了他推銷的保險，雖然成績不豐，但斯通十分興奮地對自己說：「其實沒有想像中的那樣難嘛！」

在和母親分析並挑出推銷時的缺點與優點後，第二天斯通再次出門挑戰，獲得的成績加倍，一共賣出了四份保險，跟著，第三天是六份。每天他的成績都加倍成長，直到假期結束前，他每天竟能售出高達十至二十份的保險。

斯通發覺自己成功了，也很清楚其中原因：「一切得歸功於積極心態與積極行動的配合。」

二十歲那年，他在芝加哥開了一間保險經紀公司。當時公司只有他一個人，雖然得孤軍奮鬥，但開業的第一天，他就賣出了五十四份保險單，保險事業漸漸成長拓展。到了三十歲時，公司在全美各州都有了分部。

期間，他曾歷經美國經濟大恐慌，當大家都沒有錢買保險時，斯通為自己訂出了解決困難的座右銘：「銷售是否成功，全看推銷員，而不是顧客。以堅定且樂觀的心態面對艱難，定能從中找到方向。」

憑著如此的意志力與決心，斯通不只沒有受到景氣影響，反而穩穩地守住每日成交量，成績完全不輸之前的鼎盛期。二十世紀三〇年代末期，斯通的成功已廣為人知，不只如此，他領導的保險公司更成為美國保險界的龍頭。

對斯通來說，一切成功，都歸功於「積極心態與積極行動」的配合。那些始終振作不起來，甚至越來越懶散怠惰的人，不妨認真想想故事中的訓誨吧！

事實上，工作本身是很單純的一件事，它會顯得活潑有趣還是沉悶枯躁，全看執行者的心態。如果抱著消極又帶點交差了事的態度，當然難有愉快的工作氣氛，而在這樣不快樂的心情下，工作效率與結果當然不會是亮眼的，更別提得到肯定與成功了。

反之，如果心裡想著「今天我要給自己一個驚喜」或「今天我一定會突破昨天的成績，」自然會覺得工作是快樂的，即便過程異常艱辛、辛苦萬分，但任務完成後，必將感受到前所未有的快樂與幸福。

機會就在你我的手中，到底是要放棄還是把握，全看我們自己。無論如何，只要你想走向成功，就積極且堅持地走下去吧！要面帶微笑，以無比的自信與決心迎戰，相信成功之路很快便會在你我面前展開。

堅持，與成功只差一步

人生確實有許多難關，但是如果連自己都走不過去、挺不過去，就再也沒有人能幫助我們了。

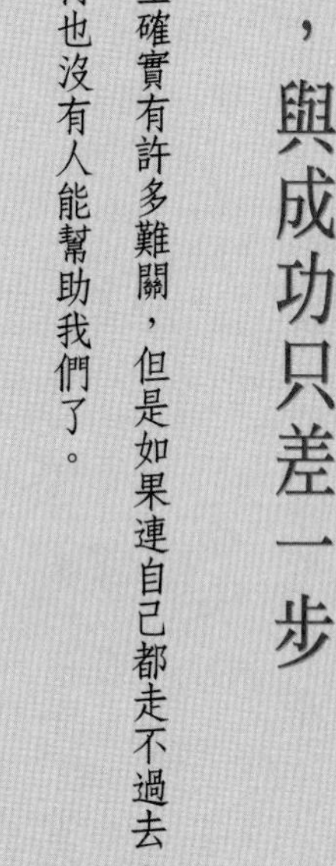

當工作遇到瓶頸時，你相信自己可以突破嗎？

當事情未能如預期達成，你是否能估算出正確的時間表呢？

無論答案爲何，最重要的是，如果不得不繼續下去，當然只能全力以赴，其他的就別再多想了。畢竟，再多的煩惱也無法掩蓋最終得面對的現實。

與其逃避煩惱，不如給自己再一次機會吧！說不定再跨出去，你將發現，自己與成功終點竟只差這猶豫未進的一步。

老亨利是某間公司的董事長，儘管年過七旬，仍每天都會到公司走走看看。對員工十分和善的他，從未發過脾氣，看見員工任務沒有達成，都會這麼鼓勵他們：「沒關係，別灰心，再堅持一下，一定能成功。」

一天，開發部經理馬克對老亨利說：「對不起，這次實驗又失敗了，我想就算了吧！都已經試了二十三次了。」

馬克緊皺著眉頭，但老亨利卻笑著說：「年輕人，別著急啊！你先坐下來。其實成功是這麼一回事，屢敗屢戰，看似沒有希望，但只要我們再堅持一下，再一轉眼就能看見成功了。」

「我……我恐怕本事不夠，您換個人試吧！」馬克怯怯地說。

老亨利搖頭：「我要你做，當然是相信你的本事，為什麼要輕易放棄呢？來，我說個故事給你聽。」

於是，老亨利說起自己的一段過往：

小時候，他只是個窮苦人家的孩子，欠缺受教育機會，但他卻一點也不放棄，

拚了命地努力，直到三十一歲那年，因為發明了一種新型的節能燈，從而開創了全新的人生。

當時離成功還差一點點，為了籌資金，他向某名銀行家借錢，對方也一口答應了他，但偏偏出現許多阻礙，其中有不少來自同行的朋友們。

當他準備與銀行家簽約時，老天爺忽然開了一個玩笑，讓他因膽炎住進了醫院，而且得立即動手術。在此同時，許多人得知消息，便開始造謠，說他根本是想騙取銀行的錢來治病。

當然，那位銀行家聽說了，開始半信半疑思考著是否應當投資。當時的老亨利躺在床上萬分焦急，但問題始終得解決，權衡輕重後，他只能鋌而走險，先不做手術，立即與銀行家見面。

「見面前，我要求大夫打了一劑鎮定劑，好讓我在面對銀行家時能忍住疼痛，故作輕鬆，直到合約簽成。沒料到藥效很快地過去了，當時我的肚子痛得像刀割一樣，汗水濕透了襯衫，但依然咬緊牙關和銀行家談話，當時心裡只想著：『再堅持一下，是成功或失敗就看這一回了！』那一念，讓我真的撐了過去，順利取得了對方的信任。直到所有人離開後，我才倒了下去，再醒來時，已經走過了所有困難。」老亨利微笑地說著。

馬克看著老亨利，只覺萬分羞愧，想著自己才遇上一點點困難就要放棄，比起老董事長的遭遇，他真覺得太丟臉了。只見他吐了吐氣，然後神情堅定地說：「謝謝您，我明白了。放心，我一定會像您一樣，不成功，誓不罷休！」

進行到第二十五次試驗時，馬克終於獲得了成功。

馬克其實正像現代的多數年輕人，受到一點挫折就覺得老天不公，受到一點阻礙就認定是人們有心爲難，但事實眞是如此？恐怕未必。

一如老亨利所分享的故事，人生確實有許多難關，但是如果連自己都走不過去、挺不過去，就再也沒有人能幫助我們了。

既然遇到了難關困境，當下應該做的絕對不是質疑別人有心爲難，更不該埋怨環境困厄，而是要問一問自己：「想不想突破？有沒有心解開這個難題？」

只要有心，自然會努力找出解決的辦法，一如老亨利當年的情況，無論再困

難再艱辛，只要自身意志堅強，危機定能解除。畢竟，敵人最怕的正是鬥志強於他們的對手，而老天爺最樂意援助的，是那些會再給自己一次機會，也願意努力再站起來的人。

生活周遭，我們總能發現一些從逆境求生，積極突破困境的精采人物，他們的故事絕對不是單一的，也絕對不會就此終止。只要願意，下一個奮戰不懈且終至成功的傳說人物，極有可能就是你！

隨時隨地都可以看到最好的時機

人生，隨時隨地都可以重新開始，也隨時都能看見最好的時機。年紀本來就不該是阻礙，誰說年輕是唯一的本錢，過了就難有好成就？

我們經常強調年輕的重要，也一再強調起步要早，但若是未到最佳的領悟時機，太急太早也不見得是好事。

行走於人生路，若不能先經歷各式磨練與挫折，太輕易到手的成功極有可能招致更多的危機，以及無法面對失敗的勇氣。

別再爲年齡而苦惱了，只要我們依然有行動熱情，也依然有實現夢想的企圖心，那麼，現在就是最好的開始，快付諸行動吧！

哈利．萊伯曼非常喜歡下棋，每天早上都會到老人育樂中心和棋友下棋，對老哈利來說，這樣的晚年生活閒適安逸。

然而這天老哈利來到育樂中心，卻發現那裡一個人影都沒有，他問管理員：「咦？今天怎麼都沒有人？」

「老漢克生病了！」管理員說。

「生病了？那我要去看看他。」老哈利說。

漢克看來病得很嚴重，老哈利恐怕將有好長的一段時間不能下棋了。

管理員主動幫他找棋友，但是，無論怎麼配搭，老哈利都無法適應：「和他們玩很無趣！」

一連好幾天，老哈利都是滿臉沮喪的出門、回家，管理員看了很不忍，於是對他說：「老哈利，不如找個新的娛樂消遣，像是畫畫就不錯。」

說完，管理員引著他來到中心的繪畫室，那兒擺放了許多圖畫和繪畫工具，管理員笑著說：「哈利，你可以在這裡練習畫畫。」

哈利聽了，連忙搖手：「我沒有摸過畫筆，怎麼畫？我不行的！」

管理員回答：「試一試又何妨？說不定你會發現自己的繪畫天份呢！」

於是，老哈利來到畫架前，開始了他生平第一次的繪畫創作。讓人吃驚的是，他竟在畫室待了一整個下午，他對畫畫產生了興趣。

哈利．萊伯曼決定開始學畫。當他宣佈這消息時，人人都以為他在開玩笑，認為他已經八十歲了，眼睛模糊，腦袋不清楚，怎麼畫畫？又還有多少時間可以畫？八十一歲那年，他重返校園學習繪畫藝術，把時間全部傾注在繪畫上。因為不間斷的努力，他的功力漸有所成。

一九七七年，洛杉磯一間藝廊幫他辦了一場名為「哈利．萊伯曼．一〇一歲」的畫展。從此，哈利．萊伯曼成了藝術界的傳奇大師，而他那充滿活力與想像的作品，更被不少收藏家列為必選的精品。

讀完老哈利的故事，不知道你是豁然開悟，還是更添人生到底該從什麼時候開始的困惑呢？

人生，隨時隨地都可以重新開始，也隨時都能看見最好的時機。一如哈利，雖然繪畫起步如此之晚，但依然有學習的權利和機會。只要有興趣，只要想嘗試，那麼就去試吧！

年紀本來就不該是阻礙，誰說年輕是唯一的本錢，過了就難有好成就？其實，只要我們能保持旺盛的學習熱情與生活動力，便可以在任何時候開始新的生活。

無論如何，快去找出你眞正的興趣，至於那些「一直不熟悉」、「以前沒碰過」的情況，無須太在意。放手去試一試，只要試出了興味，自然會知道怎麼繼續走下去，甚至讓它的表現跟著你的年齡增加，而越發精采、卓越！

挫折不是放棄努力的藉口

相信自己的力量吧！把你的決心與生命韌性找回來吧！只要我們堅持不放棄，相信困厄終會走過。

試想，如果你在四十六歲時，因一次意外被燒得不成人形，緊接著又在四年後的墜機意外中癱瘓，你該怎麼辦？

或許你無法想像，或許你痛不欲生，不妨聽聽當事人走過之後的領悟：「簡單來說，遇上困厄時，你可以退一步並想開一點，因為那將有助於讓我們領悟一件事：挫折困頓根本沒什麼大不了的！」

分享這個體會的人，正是美國傳奇人物——米契爾。

經歷了兩次意外事故後，人們只知道米契爾受損嚴重的臉整容不下數百次，而殘缺的雙手和不斷退化的雙腿，更讓他從此只能靠著輪椅生活行動。

回顧第一次車禍意外，大火紋身，全身上下近七成的皮膚全被燒傷，爾後一共動了十六次手術，但手術後仍不良於行，連拿叉子也沒辦法。

更糟的是，他無法一個人上廁所，也無法撥電話求助，這對曾是海軍一員的米契爾來說，形同晴天霹靂。

但米契爾知道他沒有悲觀的權利，更沒有放棄的資格，所以對自己說：「我可以掌控我自己的人生，想把目前的狀況視為倒退，或是人生的新起點，全看自己了！」

他不斷地鼓勵自己，憑藉積極振作的決心，讓他在六個月之後再度坐入飛機駕駛艙，重返天際。

自此，米契爾展開了全新的生活，為自己買了一幢新房子，另外還和兩個好朋友合資開了一間公司，專門販售暖爐。

只是，老天爺似乎「獨厚」米契爾，好不容易順利地重新開始後，又讓他再一次體驗了極特別的困厄滋味。

車禍意外之後的第五年，米契爾又遭遇了機件固障導致飛機墜落地面，這個意外傷及他的脊椎，下半身從此癱瘓，連自主移動的能力都沒有。

但神奇的力量再次在米契爾身上發生，他又發揮了生命的奇蹟活力，不只努力使自己活下去，還以弱勢之姿展現出驚人的活力。後來，他被選為小鎮的鎮長，極其努力地讓自己發光，讓生命發熱！

儘管面貌駭人、行動不便，但米契爾從未顯得意興闌珊，更未因此而放棄自己。他努力地利用還能動的身子去享受正常人都能享受的一切樂趣，像是泛舟、結婚生子……等等。

不久，他拿到了公共行政碩士，自此更加積極開展人生，參與飛行活動、環保運動或演講……等等。

米契爾努力以屹立不倒的正面態度感染旁人，使得他成為各家媒體爭相報導的風雲人物。

看完了故事，是否也激起你突破萬難的動力？

相較於這些人物的悲慘遭遇，對照著他們的經歷，恐怕大多數人都無顏再發出呻吟的聲音吧！

走過那一段辛苦路後，米契爾這麼說：「我癱瘓前可以做一萬件事，現在只能做九千件。我知道，我可以把注意力放在無法再做的一千件事情上，也能把目光放在還能完成的九千件事上。怎麼選擇不是重點，重點是，雖然我遭遇了兩次重大挫折，但是仍然只想對自己說：我不能，也不該把這些挫折作為放棄努力的藉口！」

聽到這一句「不能也不該把挫折作爲放棄努力的藉口」時，想必有不少人人都不禁慚愧地低頭自省吧！

如果你也正低頭省思著，那便表示還有機會和希望，因爲這個省思動作代表著你很清楚自己「不是不行」，而是用了太多藉口，退縮放棄。

既然知道癥結所在，接下來，請務必和著米契爾給自己的鼓勵聲：「我可以

掌控自己的人生，一切全靠我自己了！」

相信自己的力量吧！把你的決心與生命韌性找回來吧！只要堅持不放棄，相信困厄終會走過。

學學米契爾，用積極正面的態度去看待那些讓我們裹足不前的經歷，那麼無論未來遇上逆風或順風，都能順順利利地抵達夢想的明天。

弱勢，不代表沒有本事

弱勢不代表沒有能力，每個人都有求生的本事，只要相信自己，能努力地展現自己的本領，便能聰明地將缺點轉成優點。

要給人肯定不難，想給自己肯定也很簡單，只要往向陽的地方看，便能像向日葵一樣地活力綻放。

多培養一點正面的生活態度，也多給自己一些積極生活的動力，不再用悲觀或灰暗的否定觀點看自己與別人，慢慢地，我們自然會發現：「生命眞的沒有什麼不可能！」

有一位神父想找三個小男孩，幫忙販售一千本《聖經》。尋找人選之前，神父心中是這麼想的：「我得找三個口齒伶俐的孩子來幫忙，只要他們能把話說得動聽，相信這一千本《聖經》定能很快地賣完。」

於是，他依著這樣的標準去尋找，很順利地找到兩個伶牙俐嘴的小男孩，這兩個孩子也都拍胸脯保證：「沒問題我一定能賣掉三百本《聖經》！」

聽到這個保證，神父很開心，算一算配額，心想：「加上我自己得推銷的三百本，兩個孩子可以幫我賣掉六百本了，現在只要再找一個孩子來幫忙賣掉剩下的一百本！」

但接下來的尋人工作並不順利，神父最後只得降低標準，找來一個口吃嚴重的小男孩幫忙。小男孩說：「請……放心，我…我一……定會……」

「好好好，我相信你一定能把書賣光的！」神父見孩子說得如此辛苦，連忙把話接下，只是他雖然給予肯定，心中卻充滿擔心，畢竟這孩子根本未達到「口齒伶俐」的標準，連話都說不好。

五天後，兩個小男孩回來報告銷售情況，神父了解後臉色有些嚴肅，因為兩個人一共只賣了兩百本，神父心想：「怎麼會這樣呢？兩個人只賣掉二百本《聖經》？那另一個孩子不是更糟！」

正在發愁時，口吃的小男孩也回來了。

「什麼，你賣完了？」神父吃驚地說。

是的，小男孩很順利地將任務完成。神父迷惑地看著自己原先看好的兩個小男孩，納悶道：「為什麼會這樣呢？」

「孩子，你怎麼辦到的？」神父微笑地問他。

只見小男孩結結巴巴地說：「哦，我……我……我都跟……見……到的……每一個人說，如……果你……不買，我會……唸《聖經》給你……聽！」

神父聽了，哈哈大笑著說：「嗯，真是個聰明的孩子！」

透過這則故事，我們看見的不只是人的「寬」，也看見了人的「限」。前者一如口吃的小男孩，後著則若神父，神父以有限的視野去度量別人的寬度，於是導致「偏見」與「否定」的產生。

不能否認的，每個人都有特色，也有缺陷不足，一如故事中的第三個男孩。

其實，即便是兩個聰明自信的小男孩，也有缺點和優點。只是相較於第三個明顯缺陷，許多時候我們都習慣了否定那些缺陷明顯的人，認定他們不易完成任務，不是嗎？

弱勢不代表沒有能力，每個人都有求生的本事，只要相信自己，能努力地展現自己的本領，便能像第三個男孩一樣，聰明地將缺點轉成優點，並進一步推翻人們的否定。

我們都知道，一個人究竟有多少潛力，沒有人可以準確判斷，只要能相信自己，任何人都有無限可能。

不管別人持什麼看法，也不管別人怎麼否定，只要我們不否定自己，不放棄自己，必能實現人們以爲不可能的事。

用平常心看待眼前的好壞

壞事厄運終會過去，好事幸運也只在一時，能平穩踏實地前進，珍惜生活中的一切，便能時時轉念，再見嶄新的明日。

丟開那些不必要的煩憂吧！生活若不向前，又該往哪個方向前進？若想有個不後悔的人生，便要學會放下那些不必要的苦惱，也學會往前看。無論眼下是富足還是貧苦，只要時時以平常心視之，那麼無論未來際遇怎麼變化，我們同樣能享受生活的樂趣，懂得用樂觀微笑的心境去改變明天。

古希臘一位國王擁有非凡的權勢，享用不盡的榮華富貴，但卻一點也不快樂。

他無法控制自己的情緒，還因為每天都會出現的莫名焦慮和憂鬱，感到悶悶不樂、寢食難安。

這天，他召來當地最負盛名的智者蘇，請對方找出一句人間最富哲理的箴言，好指引並開導自己。

「先生，請您給我智慧，最好能一語中的，啟發我勝不驕、敗不餒的智慧，讓我能夠時刻保持一顆平常心。」國王道。

「我知道了。」智者蘇說完後，向國王要了他手上的戒指。

幾天之後，智者蘇把戒指送還，然後再三叮囑：「大王，非到萬不得已，請不要取下戒指上的寶石，否則它就不靈驗了。」

不久之後，鄰國忽然大舉入侵，國王率兵抵抗，但最終整個城邦還是落入敵人手中，而不得不開始了流亡生活。

有天，為了躲開敵兵搜捕，國王藏身進河邊的草叢中，直到聽見敵兵腳步遠離後，才放心地來到河邊喝水解渴。

「天哪，這個人是誰？」猛然看到自己的倒影時，國王傷心欲絕，因為水面

映出的是個蓬頭垢面的人，誰能想像他曾是個氣宇軒昂、威風凜凜的國王？

「唉，我怎麼有顏面再活下去？」

當他用雙手掬起水準備洗臉時，看見手中的戒指，也想起了智者的話。他連忙將寶石挖出來，看見了智者刻印在座台旁邊的話：「一切都會過去的！」

頓時，國王重燃希望，決定東山再起，於是積極召集舊部共商退敵策略作，最後終於趕走了外敵，重掌國政。

他返回王宮後，第一件事便是將「一切都會過去的」這幾個字刻在寶座上，據說，他臨終召告世人的遺言，仍是「一切都會過去的」。

看完這個故事，想想我們自己，當人生來到某個階段，無論運途好與壞，有多少人能抱持著平常心看待？又有多少人能勇敢拋開過去、昨天，積極面向明天、未來？

能讓人頓悟、一點就通的箴言，通常不會太難，就像故事中的「一切都會過去的」。面臨人生最困苦的關卡，多數人都會因爲執著於過去或昨天之事，遲遲

不敢邁開腳步向前走去，以致心境越來越失意落寞，失去信心和活力。

故事中的國王生活在高峰的時候，雖然擁有最富足的一切，心卻是空虛的。再對照著智者留言，告訴了我們，生活攀得再高也會向下走，繁華興盛必有結束的時候，如果不懂平淡看待擁有與失去，將只會陷在昨日無法前進，最後甚至失去未來。

時間會流逝，但人不會消失，事情會走過，但人會繼續向前進。壞事厄運終會過去，好事幸運也只在一時，能平穩踏實地前進，珍惜生活中的一切，便能時時轉念，再見嶄新的明日。

8.
PART

活得積極，人生就精采可期

命運從不捉弄人，
那些挫折與困苦其實是必然的磨練，
只要一步接著一步地用心走過，
成功的奇蹟一定會降臨在我們的身上。

活用危機，自然能逢凶化吉

每個人難免都會犯錯，但是怎麼活用危機中的關鍵契機，讓這個錯誤造就出好的結果，那便得靠我們的聰明才智了。

沒有人不會犯錯，也沒有人不被自己所犯的錯誤拖累，所以我們都已經習慣了錯誤的發生。

不過，習慣面對錯誤並不代表一味放任、敷衍，面對人生中的錯誤，我們不僅要積極地修正，更要從原有軌跡中找出可以運用的軌道，讓它成爲引導我們通往正軌的路徑。

葛理萊是《紐約時報》的主筆，但是如此重要的人物卻有一個很不好的缺點，那就是他的字跡非常潦草。每次他的稿件送達時，都會造成許多人的困擾，因為他的字跡實在沒幾個人能夠辨認，甚至經過一段時間之後，連葛理萊自己都認不出來呢！

這天，葛理萊剛完成一篇社論，字跡依然潦草到無話可說，排字工人幾乎無法辨認得出。面對這個大麻煩，排字工人也不知道該怎麼辦，因為葛理萊交稿的時間實在太晚了，正巧是趕在報紙快開印的時候才送達，排字工人完全沒有時間再仔細校對了。

最後，他只得大膽地憑著猜測，一字一字地排印出來。

只是，第二天報紙一出來，他這樣不夠確實的校正動作，果然鬧了一個大笑話，也使得葛理萊的名譽因此大受影響。

葛理萊知道後大發雷霆，馬上要求報社解僱那名排字工人，因為實在太生氣了，他還特地寫了一張字條痛罵那個工人一頓，上面寫著：「你這蠢東西！笨傢伙！傻蛋！」

但是，一個人的寫字習慣實在很難改，即使只有幾行的小字條，上面的字跡一如往昔般潦草，以致於排字工人居然看不出那是一張罵人的字條。

工人小心翼翼地把條子收在身邊，兩天之後，他又找到了另一家報館的排字工作，而且是在令人意想不到的情況下被錄用。

那家報社老闆問他：「你有什麼人的推薦信嗎？」

工人想了想，忽然想到了葛理萊寫的那張字條，於是慢慢地從口袋裡拿出字條說：「當然有，這是葛理萊的介紹信。」

老闆接過條子，仔細地看了又看，完全辨識不出上面到底在寫些什麼，唯一看得出來的只有「葛理萊」這三個字，最後老闆聳了聳肩說：「既然有葛理萊的保證，那麼請你明天來上班吧！」

這是一個十分有趣的「失誤」，從葛理萊字跡潦草的失誤，到排字工人無法辨識的失誤，最終又因爲新老闆沒有確認的失誤，反而讓被解僱的排字工人找到了另一個轉機。

換個角度來看，其實排字工人的機會並不僥倖，因爲他很清楚知道機會在哪裡，並且巧妙地加以運用。

如果，這張字紙條拿到你中，你又會怎麼看待呢？

有危機就一定會有轉機，這兩個機遇的交會其實不難，對排字工人來說，他的交接點就在那個「潦草的字跡」上，面對已經發生的問題，他沒有多埋怨，只將字條保存，並等待機會好好利用它。

每個人難免都會犯錯，但是怎麼讓這個錯誤造就出好的結果，那便得靠我們的聰明才智了。生活中的麻煩事其實一點也不難，只要懂得好好利用危機中關鍵的契機，我們自然能逢凶化吉，化險爲夷。

把握學習機會，才能充實智慧

人類最重要的資產並不是金錢財富，而是充滿智慧的思考能力。
何不從現在開始，積極地充實自己的智慧！

一個缺乏思考能力的人無法看見自己的目標，一個缺乏智慧的人，即使找到了目標也無法到達。

思考能力和智慧都得經由後天的學習，才能漸趨成熟。只有那些不放棄任何機會充分學習的人，才會懷抱著遠大的理想，並且在充實智慧的引導下，輕鬆達到夢想的目標。

從小就喜愛學習的俄國革命家列寧，五歲起母親便教導他讀書識字，上小學前已經能背誦許多詩歌，且對歷史故事非常熟悉。

上小學後，列寧更是用功，由於從小就培養了很好的學習習慣，在大多數同齡小孩只想著玩耍時，列寧卻一點也不受影響，只要一坐到桌椅上便能立即專心讀書。

其實，列寧也很愛玩，只是他懂得在讀書與玩樂之間取得平衡，更懂得如何玩得盡興也同時認真學習。

列寧在課堂上總是聚精會神，每一份作業都十分認真仔細。有一次，墨水不小心滴到作業簿上，他毫不猶豫地撕下每一張出現墨漬的頁面，再重新抄寫。這是列寧小時候的學習情況，也是他未來成功的寫照。

九歲那年，列寧進入中學，在班上年紀最小，卻是全校成績最好的焦點人物，畢業時還拿下了全校最優秀畢業生獎章。

原先求學路十分順暢的他，卻在進入大學時生涯起了變化。由於他參與革命活動而被學校開除，這段時間，儘管受到沙皇政府的迫害與刁難，列寧還是緊抓住機會，努力地學習。

他認真閱讀了馬克思和恩格斯所有的著作，還鑽研了其他學者的歷史、經濟、法律等作品，更積極地以一年的時間修完了大學四年的課程。因為他知道，如果不好好把握現在，明天或許就再也沒有機會了。

後來，他以校外生的資格參加聖彼得堡大學法律系的畢業考試，誰也沒想到，這個被開除的大學生，竟以優異的成績通過了所有的科目測試，順利取得了畢業證書。

圖書館是列寧學習的好地方。善於利用圖書館的他，連被關進聖彼得堡監獄，也能利用監獄裡的圖書館，好好地充實自己。

人們經常看見他從圖書館借來一大堆書。有位獄友曾經回憶：「每當有人拖著一大筐書走過長廊時，我就知道那一定是列寧。」

有一次，列寧的姐姐前去探監，高興地對他說：「你們的案子快結束了，你很快就能出來了。」

沒想到，列寧聽到這個消息，居然回答說：「真是可惜，我需要的資料還沒全部收齊呢！」

也許，對列寧來說，最後能否成功並不重要，但是若錯失了任何學習的機會，或是浪費了一刻學習的時間，一定會懊惱萬分！

反觀，到處都是學習機會的我們，是否也積極把握每一次成長機會呢？人類最重要的資產並不是金錢財富，而是充滿智慧的思考能力。列寧的母親很清楚這一點，所以從小教他讀書識字；列寧更加明瞭累積智慧的重要，所以不間斷地努力學習。

積極學習確實是生活中最重要的事。有位大企業家常和朋友分享他的閱讀經驗：「每個星期，我都會參與一場員工們的讀書會，因爲這是提升員工資質最重要的方法，員工們的智慧才是公司最大的資產。」

既然明瞭學習的重要，何不從現在開始，積極地充實自己的智慧？

努力前進，未來將是無限可能

即使沒有預料到日後的發展，只要我們肯努力，肯吃苦，未來的成就必定會超出預期。

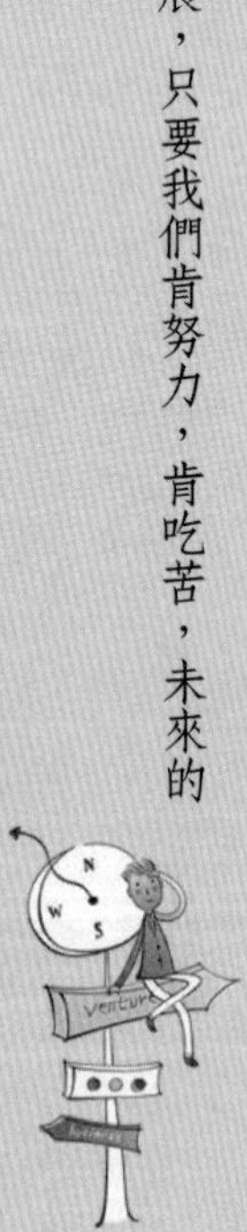

別再擔心目標還沒出現，要先認眞地看一看自己，檢討自己是不是只顧著擔心，而忽略了眼前必須下的功夫呢？

我們無法明確地論斷未來會如何發展，不過有件事是可以肯定的：「不管目前如何，努力前進就對了。」

一時的輸贏與挫敗不算什麼，最怕的是小小的挫折之後，我們便再也站不起來，再也無法面對接下來的考驗和挑戰。因爲，心中一旦被害怕佔據，那麼一時的挫折恐將成爲永遠的失敗。

美國前總統雷根在上海復旦大學演講時，有個學生問他：「您在大學讀書時，有沒有想過自己有一天要成為美國總統？」

雷根一聽，先是擺了擺手，接著便以一貫幽默的肢體語言側著頭思考，似乎這個題目難倒了他。

接著，他微微一笑，神態自若地答道：「如果沒記錯的話，當時我正在學習經濟學，而且還是個超級球迷。畢業後，美國大學生大約有四分之一都失業了，所以我當時只想著必須先找到一份可以餬口的工作，不久我找到了體育新聞播報的工作。不過，後來我又跑去當好萊塢的演員。」

他忽然板起臉孔認真地說：「嗯，我今天能當上美國總統，可能是學習經濟學令我很會算帳，而播報員的經驗則訓練了我今天的好口才，至於演員的訓練機會讓我很會演戲吧！嗯，這些就我是當上總統的原因！」

聽見雷根總統居然如此巧妙地自嘲，率真幽默的表達方式，令台下的學生們都忍不住笑了出來，當然還給他熱烈的掌聲。

雷根其實十分仔細地回答了他成功的原因，對於這樣生硬的問題，他沒有用太制式的答案，反而是用靈活多變的生活經驗來分享自己的成長，更說明了他在當上總統前樂觀累積能量的人生歷程。

這段簡短的回應中點出了現實環境的影響，也說明了每個人應當付出的努力，還告訴我們：「一切要有開始，然後才會出現結果。即使沒有預料到日後的發展，只要我們肯努力，肯吃苦，未來的成就必定會超出預期。」

與其訂出終極目標，不如認眞踩下每一個步伐。就像雷根說的，最重要的是依照當下的需要做出計劃和準備，未來不必多想，只要我們能一步步地走下去，自然能走到自己期望的未來。

對於心中希望的目標不必太多擔心，更無須煩惱太多。今天過了還有明天，記得好好把握住當下的機會和時間，你的未來就會變得越來越清晰。

隨著變化調整自己的步伐

生活越是一成不變，我們越容易迷失方向。固定的姿勢擺久了也會現出疲態，在越以為安穩的現狀中，我們越有可能遇上危機。

在彎彎曲曲的路途上，我們要不斷地修正自己的腳步，偶爾更要停下來仔細觀察目標方向是否出現變化。

其實，人生就像一首樂曲，有高音也有低音，有激昂也有平緩。忽快忽慢的旋律、忽強忽弱的樂音，變化越多的曲子往往越能讓人回味不已。我們的人生也正應該如此，不要遇到難關就沮喪悲觀，也不要被慣性和惰性牽著走，而要隨著環境變化調整自己的步伐。

加州大學曾經做過一個實驗，測試跳蚤跳起的高度。

當跳蚤跳起時，高度可達自己身長的四百倍左右，所以研究員常笑說：「跳蚤是萬物中的跳高王。」

不過，這一次，他們並不是想測試跳蚤到底還能跳得多高，而是想找出跳蚤面對環境變化的應變情況。

實驗是這樣的，研究員先將一隻小跳蚤放進一個玻璃杯裡，然後仔細觀察跳蚤的跳躍情況。結果發現，跳蚤能夠很輕易地跳出杯口，一連換了好幾種玻璃杯，情況都一樣。

研究員再把這隻跳蚤放回杯子裡，接著在杯口上加了一只玻璃蓋。

這一次，跳蚤一跳躍，登時重重地撞到了玻璃蓋。

被撞回杯底的跳蚤沒有停下來，還是不斷地跳著，也不斷地撞上玻璃蓋，更不斷地跌回杯底。

撞了許許多多次後，跳蚤終於冷靜了下來，不再用力跳躍，開始根據蓋子的

高度，重新調整自己可以跳的高度。

跳了一段時間之後，研究員們發現，這隻跳蚤不再撞擊蓋子了，而是只在蓋子底下自由跳動。

又過了一段時間之後，研究員把蓋子拿掉，不過，跳蚤似乎不知道阻礙跳躍的蓋子已經去除了了，還是照著修正後的高度繼續跳著。

三天以後，這隻跳蚤還在杯子裡跳躍，甚至過了一星期之後，研究員回到實驗室，發現這隻可憐的跳蚤還在玻璃杯裡不停地跳著。

牠似乎已經無法跳出這個玻璃杯了。

從這個跳蚤的實驗裡，你是否也驚訝地發覺，原來現實生活中的人們，竟然也犯了相似的錯誤。

萬物都一樣，熟悉一個環境之後便再也不想改變，即使目標有誤，一旦習慣了生活模式或前進步調，大多數人便再也不想試著突破。

現在的你是否也如此，不管目標是否有偏差，不管節奏是否混亂，仍然堅持

原本的步伐？因爲太習慣現狀，所以怎麼也不願再改變呢？

其實，生活越是一成不變，我們越容易迷失方向。固定的姿勢擺久了也會現出疲態，在越以爲安穩的現狀中，我們越有可能遇上危機。

從這個實驗中，我們學習到一件事：「生活隨時會有變化，我們要時刻保持警覺，隨時調整腳步，才能正確無誤地抵達希望的目標。」

人千萬不能淪爲被命運支配的傀儡，即使生活到了難以忍受的地步，只要充滿信心與希望，凡事樂觀以對，終究會開創屬於自己的輝煌時光……

活得積極，人生就精采可期

命運從不捉弄人，那些挫折與困苦其實是必然的磨練，只要一步接著一步地用心走過，成功的奇蹟一定會降臨在我們的身上。

今天走過便成昨日，明天來時又是全新的一天。

人生不可能沒有失敗挫折，相對的，人生也沒有過不去的難關；每個人都會遭遇困住自己的障礙，應該試著用樂觀的心態闖過這些關卡。

生活再怎麼艱苦，始終都會過去，走過了一個個辛苦阻礙之後，我們的目標就會越來越清晰，只要生活得積極，人生將精采可期。

印尼的「木材大王」黃雙安是個相當努力的人，目標專一的他總是這麼告訴自己：「專注在目標上，你就一定能獲得成功！」

當地人都知道，黃雙安是個生長在窮困家庭裡的孩子，從小便得面對困苦環境，別的孩子還在快樂求學時，他已經開始打工了。

十六歲那年，他跟著家人搬離家鄉，到印尼開始另一個陌生的人生旅途。黃雙安從來沒有料到自己會有一天來到印尼，不過新人生開始時，他確切知道：「人生再苦也不過如此。」

憑著勇氣和膽識，黃雙安在異地展開了新生活。從苦力工人開始，靠著汗水與努力，終於經營了一個小攤子，只是一切並不順利，小生意經營失敗之後，他一連換了十幾份工作，屢屢遭遇挫折。

親友們見了這種慘狀，都忍不住搖頭嘆息：「你的命運注定如此，幸運之神大概早就遺棄你了。」

聽見親友們這麼說，黃雙安並不洩氣，反而認為：「這不是命運在捉弄我，而是成功之神故意給我的磨練。」

嘗試過幾十種工作之後，黃雙安終於體悟到自己要做什麼，最後選擇了木材業，並決定以此做為創業的目標。

決定之後，黃雙安便積極地展開行動，因為印尼的林業資源非常豐富，最重要的是尚未有人認真開發，如今發現了商機，也看見了未來展望，所以，他必須早別人一步坐穩領先地位。

從此，黃雙安只專注於木材業，經過多年的踏實經營，黃雙安集團已是印尼林業的第二把交椅，擁有伐木專區約四百萬公頃。此外，他還投資發展漁業與魚產加工業，無論哪一項都經營得十分成功。

回想過去，黃雙安還是一樣笑著說：「人生再苦也不過如此！」

只要能堅強走過，人生再苦也不過如此。

對黃雙安來說，從小吃盡苦頭的日子一點也不難熬，畢竟日子總會走過，只要活得快樂充實就有價值。

正因爲這樣的樂觀態度，讓黃雙安能夠帶著微笑走過艱難，也因爲有著這麼

積極的想法，他懂得培養堅強實力，爲自己創造機會，而這些也正是他成功的經驗和秘訣。

人生到底會遇到多少艱辛，我們無須太過擔心，因爲我們應當把心思放在解決問題上，多加關注如何突破艱困。

命運從不捉弄人，那些挫折與困苦其實是必然的磨練，就像運動員爲了創造紀錄必須時時訓練，只要我們認眞領受，一步接著一步地用心走過，成功的奇蹟一定會降臨在我們的身上。

別讓輕忽成為一種習慣

現實生活中我們擁有的機會其實不多，明白珍惜的道理之後，對於已經握在手中的機會，我們是不是更應該好好把握？

教育家海倫凱勒曾說：「成千上萬的小事落在我們的手心裡，各式各樣的小機會每天發生，任由我們自由運用或濫用。」

機會無分大小，懂得運用就是好機會，但要是錯失了，就不再屬於你。

生活上的許多態度看似平常，其實都對我們影響甚鉅，因此許多激勵大師都強調一個生活觀念：「心態決定成敗！」

生活態度總是漫不經心的人，或是習慣丟三落四的人，他們因輕忽而錯失的機會肯定比別人多。

清晨的太陽還未露臉，河邊罩著一層厚厚的濃霧。

「啊！」河邊有個漁夫忽然痛得大叫了一聲。

「這是什麼東西啊？」漁夫摸索著剛剛不小心踩到的硬物，撿起來一看，是個裝滿小石子的袋子。

看著其貌不揚的袋子，漁夫並沒有多加理睬，只是靜靜地坐在河邊，耐心等待太陽東昇，開始他一天的捕魚生活。

距離日出還有段時間，漁夫閒來無聊，便拿起了剛剛踩到的那袋小石子，隨手伸了進去拿了一顆出來，接著便往水裡扔，聽著小石子輕聲落水的聲音，感到十分有趣。

於是，漁夫便這麼一顆、兩顆地不斷地往水裡丟，一直到太陽升起。

「啊！」漁夫忽然又驚叫了一聲。

剛剛來到河邊捕魚的其他人，看著漁夫驚慌失措的神情，還以為發生什麼事了，問道：「你怎麼了？」

漁夫似乎沒有聽見同行的詢問，只見他嘴巴張得大大的，眼神更是顯得呆滯：「什麼！我……」

原來，就在太陽升起的片刻，漁夫準備將手中最後一顆小石頭丟出時，才發現那是一顆寶石，寶石在日光的照耀下更顯露出迷人光芒，只是漫不經心的漁夫卻這麼錯過了擁有珍寶的機會。

只見他不斷地懊悔著：「我為什麼不多看一眼？我怎麼沒有再看仔細一點？老天爺都故意把珍寶放到我的腳下了，我怎麼沒有看清楚呢？」

所幸，漁夫的最後一顆寶石還握在手中。

看見漁夫錯失珍寶的經過，你是否也驚覺現實生活同樣也是如此？

太容易得到的機會，許多人也很容易輕忽，因爲他們還不懂得其中的珍貴，未能珍惜手中的一切。

所以，從另一個角度來看，或者老天爺讓漁夫撿到寶石的同時，也安排了太

陽升起的時間，對於那些不懂得珍惜的人來說，也許一顆就夠了，擁有太多他們恐怕也不會愛惜。

現實生活中，我們擁有的機會其實不多，明白珍惜的道理之後，對於已經握在手中的機會，我們是不是更應該好好把握？

即使在黑暗中，我們也不能輕易捨棄，如果不能確定手中握住的是什麼，請耐心等待黎明，等待日光照亮，讓我們看清手中寶物的價值。

決心行動就能創造奇蹟

只要我們下定決心行動，就一定能實現所有可能，只要我們堅持不放棄，奇蹟就一定會出現。

文學家普魯斯特曾經如此說：「萬事萬物都沒變，變的是我自己，因為我變了，所以萬事萬物也跟著變了。」

的確，想要改變生活，就必須先從改變自己開始，因爲，你自己先要笑，才能引起別人臉上的笑容，你自己先要改變消極的生活態度，才能從眼前的人生困境超脫，日子才會過得快活。

一旦決心行動，就別再胡思亂想，讓思緒和心境回復到簡單平靜。

唯有如此專心一意，我們的雙眼才能更清楚地看見目標，也才能更早一步實現期待已久的夢想。

《列子》裡有一則故事說，古時候太行山與王屋山這兩座山嶺，方圓七百里，高有萬仞，位於冀州的南方。

據說，在這兩座大山的北面，住了一位高齡九十歲的老人，名叫愚公。由於這兩座山阻礙了當地的交通，得攀越這兩座山，才能到另一個地方。這讓他十分疲憊，再加上他年事已高，每次這麼翻山越嶺到山的另一面實在很辛苦，於是他努力想法子，希望能把這個難題解決。

這天，他召集家人們在大廳前一塊兒商量：「我想，我們一起把這兩座大山剷平吧！這或許要花費我們一生的力氣，但為了大家往來方便，我還是想開闢一條能通往南部，直達漢水南面的路，你們覺得如何？」

聽到這個方法，家人異口同聲地贊成，畢竟每次得這麼翻山越嶺實在太辛苦了。愚公一家人立即拿起了工具，開始挖走山上的土石。

這時有個名叫智叟的老人，聽見愚公的異想天開，忍不住笑著勸他：「愚公啊！怎麼這麼傻呢？你看你年紀一大把了，恐怕連上山挑一擔草都有困難了，你怎麼挑走這一筐筐泥石呢？山怎麼可能剷得平呢？」

愚公嘆了口氣說：「那又如何？別忘了，即使我死了，我還有兒子在啊！兒子生了孫子，孫子再繼續生小孫子，總之，我家子子孫孫會一代代地傳下去，我的兒孫會無窮無盡地出生，不過這山肯定不會再長高了，所以啦！你根本不必擔心我們剷不平啦！」

智叟一聽，無言以對。

後來，連山神也聽說了愚公這一番話，很擔心愚公要是剷平了山，那他就再也沒地方安身了，於是立即向玉帝報告。

玉帝聽完了山神的報告，被愚公的行為感動，便命令夸娥氏的兩個兒子把兩座山搬移，一座放到朔州的東部，另一座放到雍州的南方。

愚公憑著一股傻勁，最後竟然成功移走兩座山。

愚公移山是一則人人耳熟能詳的故事，情節雖然不盡合理，愚公的謬論也不合邏輯，但卻傳達一個正面的寓意，那就是：「不論遭遇什麼困難，都要有永不放棄的決心。」

只要我們下定決心行動，就一定能實現所有可能，只要我們堅持不放棄，奇蹟就一定會出現。

路是人走出來的，即使身在科技文明的今天，一切還是得依靠人類繼續創造和實踐，因此，我們絕對不能小看自己，更不能小覷別人。

即使困難重重，沒有人可以逼迫我們放棄，只要有想法和目標，我們都要積極行動，只要有毅力，誰都不能阻擋在我們前方。

9.
PART

否定他人不是肯定自己的好方式

既然認為自己也有成功的機會，
眼前應該做的不是批評，而是積極振作，
讓所有人看見你的真正實力。

思考更新，機運就會創新

身為前導者十分辛苦，但總比跟著別人的腳步來得更有意義，所以，勇敢地走向別人猶豫不決的新道路上吧！

人人都看得見的機會，不會是最好的機會，因爲任何人都能看見，自然會上前搶奪，以蠻力與心機去爭搶目標，導致常見的「一窩蜂」情況。

而搶到手後，另一場考驗又將開始——大家同在一條船上，每個人都想爭得一片天地，於是在有限的空間，面臨的又是一番現實考驗。

換個角度想，若是可以不藉爭搶便獨得一片發展新天地，不是更好嗎？只是，該怎麼做呢？一同看看這個故事吧！

有一天，愛因斯坦問老師明可夫斯基：「如何才能在科學領域或人生道路上留下不平凡的一頁，做出貢獻呢？」

一向有問必答的明可夫斯基，這一回卻被問住了，一直到第三天，才興奮地對愛因斯坦說：「我終於找到答案了！」

「什麼答案？快告訴我吧！」愛因斯坦也相當興奮。

只見明可夫斯基手腳並用地比畫著，但不知道為什麼，愛因斯坦怎麼也聽不明白，於是他拉著愛因斯坦朝向一個工地走去，然後一腳直接踏在工人剛剛鋪平的水泥地上。

「喂！你們在搞什麼鬼啊？」

工人們大聲斥喝著，愛因斯坦也被老師的動作弄得一頭霧水，不解地問：「老師，您這不是領我入歧途嗎？」

「對！對！就是歧途！」明可夫斯基不管旁人的指責聲，對愛因斯坦說：「看到了吧？只有『歧途』才能留下足跡！」

「唯有在新的領域，尚未擠滿人群的地方，我們才能留下深深的足印。反觀那些凝固了很久的地面，或已被無數人、無數腳步踩過的地方，我們根本無法留下清晰的腳印啊！」明可夫斯基補充道。

聽完這些，愛因斯坦忍不住低頭沉思。幾秒之後，他抬起頭，激動地說：「老師，我明白您的意思了！」

從此，一種強烈的創新意識在愛因斯坦心中萌發。他曾說：「我不背記或思考詞典中、手冊裡的東西，因為我的腦袋只想用來記憶並思考那些還沒有被載入書本的新事物。」

離開校園後，愛因斯坦更加積極地踩下「腳印」，從某專利局裡沒沒無聞的小職員開始，他利用業餘時間進行科學研究，積極地探入物理學中未知的領域，大膽且果斷地挑戰突破牛頓力學。

終於在二十六歲那年，愛因斯坦真正建立了前所未有的「相對論」，為世界物理學開創一個全新的紀元。

「歧途」這字詞，常用於負面意思，只是它的字意眞是完全負面的嗎？恐怕不盡然吧！

明可夫斯基不是要人走向犯法的人生歧途，而是想告訴我們：「別怕錯誤，也別害怕跨入陌生的道路。唯有能開創新局，勇於開拓新路的人，才能登上前所未有的高峰。」

的確，儘管身爲前導者十分辛苦，但總比跟著別人的腳步來得更有意義，所以，勇敢地走向別人猶豫不決的新道路上吧！當市場已經被對手占據，當研究題材已被人們炒爛，唯有捨棄舊題材，重新尋找新的契機與市場，才有機會成就一番嶄新的未來。

世上尚有許多未知的領域，只要我們用心觀察，身邊那些尚未被發現的機運，自然會掌握在自己手中，而這個世界的時尙，甚至是潮流，都將跟著你我的腳步前進。

堅持才能讓夢想成為真實

積極要求自己要專精、專一，不管手中的機會怎麼制式，也不管手中的材料多麼簡單，只要肯花心思，總能創造出與眾不同的機會。

有些人總是只學到了皮毛就急於創業開工，讓人擔心他們免不了要遭遇失敗。也有些人東學一些、西學一點後，便急於表現自己的能力，結果可想而知，當然因此招致嘲諷。

千萬別那麼著急，創業其實比想像來得容易，經營路上的遭遇才是真正面臨困難的開始。如果能力紮得不夠實在，那只會讓我們在遇上困難時更容易跌倒，甚至放棄。

巴黎麵包師傅波仁的法國黑麵包，風靡全球，但在這種麵包出爐前，波仁也曾歷經不少的辛苦與挫折。

打從波仁接下父親的麵包店時，便立志要走出不一樣的路。大家都在研發新口味的麵包，他卻決定捨棄研發新口味，而是平實地設法找回已經被人們遺忘的傳統——法國麵包。

波仁一共花了兩年的時間，求教一萬多位老烘焙師傅，研究期間，總共品嚐了七十五種從未吃過的傳統麵包口味，還將整個研究過程彙集成冊。如今，這本書已是法國各地烹飪學校的必備教科書。

此外，為了讓自己更加專精、專業，所收集的相關圖書便有二千冊以上。

這番長期研究中，波仁發現過去的法國麵包其實是黑色麵包。

波仁解釋說：「傳統的黑麵包是窮苦人家製作，因為工具問題，讓他們烤出來的顏色黑黑髒髒的，也因為外表不討人喜愛，在二次大戰之後幾乎銷聲匿跡。後來，白麵包出現，因為它象徵著有錢及自由，因而很快地取代了法國傳統麵包，成為人們的新寵。」

因為不願讓傳統失傳，波仁堅持不做白麵包，而是將全部的心力都投入復古口味黑麵包的製作中。

「想製作這種麵包並不難，只要三種相同原料，就能變化出千種以上的口味，但是其中的水與麵粉的混合比例、生產地氣候和發酵時間，甚至烤爐設計及燃料來源，全得靠麵包師傅的經驗累積與專業技術。」波仁說。

波仁堅持要用磚及黏土製造烤爐，而燃料一定要用木材，因為他發現，唯有如此，麵包口感才會獨特，且送到其他地方再加溫後，較能保持原來風味。

美味食物當然人人都愛，但波仁卻不願到世界各地開分店，因為他知道各地條件不一定能夠完全配合，與其做出不佳的產品，不如堅持品質，讓人們一想到法國麵包便想到自己！

原來法國麵包也曾遭遇暗淡無光的時候，若非波仁的眷顧並賦予新生，也許今天的我們根本吃不到那嚼勁十足且風味獨具的法國麵包。

故事其實很簡單，當新事物不斷地出現、舊事物不斷地被淘汰或丟棄時，面對著人們的多變要求，透過波仁的故事，可以指點我們不同的思考方向。轉念想著，如何能將舊事物賦予新風貌，也許能讓我們找出另一條新的出路。

從波仁成功突破的角度思考，在你我手中的機會，不正需要這樣的態度實現？積極要求自己要專精、專一，不管手中的機會怎麼制式，也不管手中的材料多麼簡單，只要肯花心思，總能創造出與衆不同的機會。

麵包好吃，正因爲師傅用心；享有成功，正因爲我們堅持不放棄努力。終點是否聽得見掌聲歡呼，取決於我們是否能堅持努力，讓手中的「法國麵包」成爲世界美食，專心一致地走下去。

心態正確，才會有更多機會

有企圖心和決心，沒有人會遇上難題與困難，只要心態正確，別人眼中的困危與為難，都不過只是腳下的小石頭。

有人說，爲了避免退縮，我們要學會斬斷退路，好逼迫自己能繼續前進。這對那些容易逃避退縮的人確實是不錯的方法，但是，聰明人不需要用到這樣決絕的手段。

事實上，只要我們多給自己一點信心，也多培養一點決心鬥志，自然不會有退縮逃避的念頭，甚至還能養成笑看困境難題的自信與智慧。

有一位東方留學生剛到澳洲時，為了尋找工作，騎著一輛腳踏車沿著環澳公路行走了好幾天，沿途尋找工作機會，諸如幫人看羊、割草，或整理田地、幫傭……等等。工作雖然繁雜，但為了賺取生活費用，他只得暫忍疲憊的腳步，將打工當作休息的機會。

有一天，他在一家餐館打工，忽然看見報紙上刊了一則澳洲電訊的求才廣告，他立即將履歷投遞過去，也很快地爭取到了考試的機會。

一關過完又一關，眼看就要拿到年薪四萬澳幣的工作機會了，未料，主考官卻向他提出了這麼一個難題：「你有車嗎？你會開車嗎？這份工作得經常外出，沒有車恐怕寸步難行啊！」

這確實是個難題，初到澳洲的他連生活都有問題了，又怎麼會有車呢？「腳踏車算不算？」心裡雖這麼想著，不過並沒有說出來，畢竟眼前的機會是做夢都想要的。

再轉一個念頭，他竟回答：「我有！我會！」

「好，那四天後，麻煩你開車來上班。」主考官微笑地說。

天哪！四天內要備好車，還要學會開車，這真是一項大考驗。

但眼前已不能多想，為了生存下去，他只好孤注一擲，四處和朋友聯絡，很快地便在朋友那兒借到了錢，買下一輛便宜的二手車，接下來的當務之急便是學會開車。

第一天，他跟朋友學會了簡單的駕駛技巧，第二天便在朋友指導下於附近的道路上練習，第三天，他提起勇氣開車上了公路。

到了第四天，正式上班日，他竟真的開著車前往公司報到。就在這一回破釜沉舟的動作之後，他由此一路順暢前進，直到坐上澳洲電訊的主管位子。

從這個留學生身上，我們不只看見了他爲自己創造的奇蹟，隱約間也激發了自身的生活鬥志，不是嗎？

看看故事中的主角，幾乎沒給自己退縮與喊苦喊累的時間，一路騎著單車直馳，也一路埋頭苦幹。看見機會，只管勇敢地去嘗試，並積極地去學習，正因爲這樣的生命活力，讓他爲自己爭取到精采的人生。

將焦點放在他的鬥志與決心，由他身上，我們明白了一件事：只要有企圖心和決心，沒有人會遇上眞正的難題與困難；只要心態正確，別人眼中的困危與爲難，都不過只是腳下的小石頭。

只要我們細心用心，低頭就能看見這個小麻煩，跟著，也只需要彎腰將它拾起，阻礙便能輕鬆消失。

當一下次機會在你手中時，要怎麼接手，又怎麼不再讓它溜走呢？相信，你已經有了答案。

被「需要」才會活得更好

人從來都是因為被需要才顯得活力十足，感受到同事們的在乎，所以願意擔負重任，也由於親人朋友的依賴而願意付出熱情。

當身邊的人出現低潮或病痛時，你習慣如何因應與對待？

是用怒罵把人驚醒，還是一味地安撫、安慰，堅持低潮都會過去？

安慰也有技巧，我們不只得依著對方的個性，給予適當的安慰鼓勵，也要懂得在關鍵時候，施予刺激的力量。

在某間醫院的某個病房裡，住著兩位患有相同病症的病人，一個來自某偏僻的農村，另一個原先生活在熱鬧的城市裡。

由於醫院正好位在城市病人居住的地方，因此每天都會有訪客，不管是親朋好友，還是現在的同事，可說絡繹不絕。

家人來看他時，都會說：「放心吧！家裡的事你不必擔心，有我們在，你就安心地養病吧！」

朋友來看他時，會安慰他說：「什麼都別想了，只要專心養病就對了。」

至於公司同事來看他時，則說：「別擔心，我們已經把你的工作交代好了，你現在只管安心養病……」

以上是城市病人聽見的安慰與加油打氣聲，相較之下，鄉下病人的加油聲則只有一種，來自他的十二歲兒子以及妻子，因為工作與距離的關係，每半個月才來看他一次，送些衣物和食物。

然而，妻子看見他時，極少說「放心」兩個字，最常說的卻是：「老公啊！就要播種了，今年我要怎麼處理呢？還有，再過兩天，大伯的女兒就要出嫁了，我要包多少錢啊？對了，兒子說要跟同學去旅行，我還沒有答應他，這件事你覺得怎麼樣？還有……」

是的，妻子總有許多問題要問他，等他給個主意。

就這樣，兩個病人在同一個房間內休養著，但就在幾個月之後，原本相同的病況卻起了戲劇性的變化——能安心養病的城市病人走了，反倒是有許多事要煩心的鄉下病人出院了。

你看出其中的關鍵了嗎？

人從來都是因爲被需要才顯得活力十足，感受到同事們的在乎，所以願意擔負重任，也由於親人朋友的依賴而願意付出熱情。因爲自己是重要的，所以自然而然會鼓勵自己，積極且精神充足地活下去。

從故事中的兩位病人來看，前者聽見人們一再地傳遞「你放心，有我們就好」，這樣的安慰雖然溫暖，但其中隱隱透露出來的訊息，卻是「沒有你，我們也不會有問題」，自身重要性不再，不免讓人失去振作的動力。

反觀農村來的病患，身為家中唯一的依靠，疾病雖然折磨身體，但當妻子與孩子不斷地帶來需要他的訊息時，怎麼捨得妻兒，又怎麼不會要求自己一定要努力振作？

「因為你很重要，所以請為我們珍重！」這是大多數病患家屬最常表示的鼓勵話語。

其實，無論是在病床上，還是在一般生活中，我們都要讓每個人感受到他的不可或缺，聰明地讓對方明白他的重要性，也技巧地讓他知道唇齒相依的道理，然後自然能建立起合作無間的關係。

否定他人不是肯定自己的好方式

既然認為自己也有成功的機會，眼前應該做的不是批評，而是積極振作，讓所有人看見你的真正實力。

不要用否定別人的方式來肯定自己，也不要藉別人的缺陷來安慰自己，因爲那只會讓我們顯得心胸狹隘，甚至還會因爲自以爲站立在高處，而不斷地暴露自己的短處。

看見別人獲得成功，我們便該學習別人之長來補強自己的不足，若技不如人，成就不比人高，那麼便得積極找出問題，並加以修正，如此才能耐心等待與成功者同登高峰的機會。

畢業多年後，大學同學再次聚首，會場上全是當年在課堂裡聽講的同學，如今則各自展現了與過往不同的成長。

其中，有人當了某地方的處長、局長，有的則成了博士、教授或公司老闆，當然，也有生活不順利的人，他們有些正失業中，有些則是經商失利，負債累累。後者看著其他成功的朋友，心中很不服氣，感嘆著世道的不公平，也忍不住向班導師訴苦。

身為班導師的教授聽了，笑著說：「十減九等於多少？」

學生都覺得教授在開他們玩笑，忍不住直眉瞪眼。

教授又笑著問：「你們會打保齡球嗎？保齡球的規矩是每局十顆球，每一局得分是從零到十，而這十分和九分的差別可不只是一分而已啊！我們都知道全倒便得滿分，再加下一顆球的得分，如果也是十分，那麼你便得了二十分。試問，二十與九的差別是多少呢？如果每一球都打滿分，那麼這一局我們便能得三百分。當然，三百不容易拿到，不過只要是高手，都能拿到兩百七十或兩百八十分。如果你們每一球都差一分，那麼整局下來加總也只有九十分，試問，這兩百七十、兩百八十與九十的差距是多少呢？」

同學們安靜地看著教授，臉上不悅的神情統統不見了。教授見狀，微笑地說：「當初畢業的時候，你們之間的差距其實只在十分與九分之間，但接下來的時間裡，有人相當努力且毫不鬆懈，因而十年下來，他得到了非凡的好成績。反之，那些原本只落後一分的人，甚至是落後四分、五分的人，畢業後依然用『混的態度』生活，那麼十年下來，差距又怎麼不會變大呢？」

聽了這番教訓，那幾個學生全都羞愧地低下了頭。

教授的分析其實很簡單，簡單來說，當別人不斷地進步學習時，如果你我依舊停在大學生時的能力，沒有任何累積成長，那麼人家加一分的同時，我們不只少了一分，甚且還被倒扣了一分。

這個寫實的故事想必觸動了不少人的心，相似的情況必定曾在你我身邊發生。看著別人成功，你是否也會心生質疑與怨懟？

別再怨念了，如果你眞覺得自己是聰明的，不輸對方，那麼當下應該做的不是質疑他們的成功，而是要認眞自省，省思這些年來失意落魄的原因何在，找出自己究竟有哪些不足。

不要以爲差距還小，有些人積極跨出第一步後，便馬不停蹄地一步又一步前進，反觀那些一步也未跨出的人，則常常是停了一天又一天，不知不覺中，與人差距越拉越遠，直到驚覺落後於人時，卻爲時已晚。

不要質疑別人的成功原因，也不要因爲對方與自己曾經只在伯仲之間，而否定別人成功的可能。既然認爲自己也有成功的機會，眼前應該做的不是批評，而是積極振作，讓所有人看見你的眞正實力。

要成功，先充實實力再說

不要把改正缺點當成折磨人的事，如果你已經認定也預知成功舞台的方向了，便只管積極找出尚未充實飽滿的能力，然後認真踏實地實徹。

終其一生，人都要不斷地學習，即便已經來到了設定的成功目標，也必定還有進步的空間。

正因爲還有努力改進的空間，所以不會因爲已來到成功目標而停下腳步，不再前進。正因爲生活的腳步得不斷地前進，眞正的成功者從來不以一時的成功掌聲爲傲，對他們來說，唯有持續不斷地以積極樂觀的態度走下去，直至人生終點，才能算是完美一生。

不少雄辯家一開始都是被認定為說話笨拙的人，底里斯就是其中之一。

底里斯生於西元三八二年，在西歐有「第一雄辯家」的稱號。據傳，他的聲音很低沉且呼吸短促，導致在表達時讓人覺得口齒不清，多數人經常聽不懂他在說些什麼。

不過，他的知識十分淵博，思考角度總是十分獨特且深奧，再加上他擅長分析事理，每場辯論幾乎是無人能出其右。

但如此雄辯的長才卻未讓底里斯感到滿意，由於當時國境內發生嚴重的政治紛爭，雄辯家因此格外受到重視，而一向能提出時代潮流和趨勢的底里斯便認為：「想上場，總得準備充分後再說！」

自知缺乏說話技巧，因而底里斯拒絕了人們的邀請，決心先埋頭好好地充實自己再說。只是，原以為準備好的演講，最終卻未達到理想效果，反而遭到人們的恥笑與斥責。

底里斯難過地走下講台，開始設法找出問題和原因，這才發現自己的聲音太小、肺活量不足、口齒不清，很難讓人聽不清楚他所說的話。

於是，底里斯再次下定決心把這些缺點改正，比過去更加努力地訓練自己的膽量和意志力。

每天早上他都前往海邊，然後對著被浪花拍打的岩石大聲叫喊；回家後，則會對著鏡子反照自己說話時的嘴型，以作為發音練習的參考。就這樣持續不斷地自我訓練，一直到他二十七歲為止。

這年，他再度走上演講台，長久的辛苦努力終於看見成果，底里斯成功了，演講完畢，得到極其熱烈的掌聲。

從那天起，底里斯之名打響傳開。

人貴自知，底里斯的成功關鍵正在這裡。

因爲知道自己仍有不足，也因爲知道自己尙有進步的空間，所以不急於站上表演舞台，而是選擇暫時隱身幕後，積極且努力地學習進修，直到實力本領充實且備齊後，才自信且無憂地站上伸展台，表現最優秀的自己。

這是哲學大家底里斯的成功方法，那也和底里斯一樣，希望能走出一片天的我們，又是否知道自己尚有哪些不足，知道該怎麼充實進修呢？

不要把改正自己的缺點當成折磨人的事，如果你已經認定也預知成功舞台的方向了，只管積極找出尚未充實飽滿的能力，然後認眞踏實地實徹。接下來，便能踏著輕快無疑的腳步，直達目標。

煩惱還是快樂，你如何選擇？

樂觀積極地思考問題，才能真正地找到突破的出口。遇上難題或困境時，我們唯一能做的就是相信自己，相信自己一定能走出難關。

煩惱與快樂無時不在你我身邊，就看我們自己怎麼選擇，無論狀況怎麼演變，都沒有資格把變動的責任推給任何人。

記得，人生是我們自己的，是好或壞也都由我們造成，無論怎麼變化或前進，我們都是唯一的負責人。下一步要怎麼選擇，是要煩惱苦悶，還是快樂向前，全看我們自己。

有名成衣製造商人因為錯估市場形勢，生意一落千丈，壓力越來越重，心情也越來越鬱悶，甚至難以入眠。

妻子見他鎮日愁眉不展，鬱鬱寡歡，很怕他想不開，於是勸道：「老公，去看看醫生吧！」

商人最終被說服了，前去找醫生診治。醫師一看見他便問：「你是不是深受失眠所苦？」

成衣商人驚訝地說：「是啊！唉，失眠是很痛苦的！」

醫師看著雙眼佈滿血絲的商人，說道：「這其實沒有什麼大不了的，以後若是睡不著就數數綿羊吧！」

「數綿羊？好吧！」成衣商人接受醫生的建議後便離開。

但一個星期之後，商人又來找這位心理醫生，雙眼不但更紅更腫，精神狀況也比之前更差。

醫生吃驚地問道：「你沒照我的話去做嗎？」

成衣商人不滿地說：「當然有呀！我還數到三萬頭呢！」

醫生問：「三萬？數了這麼多，你還是沒有睡意嗎？」

成衣商人點了點頭，說：「其實是蠻睏的，但我一想到有三萬多頭綿羊，不剪豈不可惜？」

醫生聽了，嘆口氣說：「哦，那剪完不就可以睡了？」

沒想到這商人也跟著嘆了口氣說：「我知道，但讓人頭疼的問題又出現了，你想，接下來可有三萬頭羊毛製成的毛衣，它們要銷到哪兒去呢？一想到這裡，我就睡不著了！」

不需醫師解答，相信聰明的你已看出了商人的問題所在。他正是「杞人憂天」的類型，不過是個簡單數羊動作，也能聯想至完全脫離現實的狀態，終至讓自己深陷煩惱擔憂中。試問，這不正是自尋煩惱嗎？

然而，生活中，不少人其實也和商人一樣，總把不必要的煩惱堆在腦中，然後任由那些不可能會發生的事發芽紮根，直到發現根本沒必要時，早已浪費了自己大半的人生時光，甚至還耽誤了原來的好機會。

好好地面對問題，並樂觀積極地思考問題，才能真正地找到突破的出口。

遇上難題或困境時，我們唯一能做的就是相信自己，相信自己一定能走出難關。即便之前選錯了方向，但只要下定決心調整腳步，下定決心將眼前的缺漏補強，周遭自然會出現許多力量，幫助我們走出難關，解決難題。

所以，相信自己吧！如果綿羊怎麼數還是睡不著，不妨起身仰望天上的星空，想想天地之大，然後堅定地告訴自己：「放心，天地如此之大，一定有我的容身之處！」

10.
PART

怎麼希望，生活就怎麼發熱發光

歡笑或是悲觀，從來都是由自己決定，
苦悶或樂觀也是由自身選擇，
簡單來說，生活主控權就在你我手中。

踏出你最需的「臨門一腳」

別怕面臨的困難，也別氣憤對方的冷淡無情，學會微笑面對生活中的一切，終能得到期望的收穫和機會。

無論現在正處在什麼樣的困厄中，請仔細想想，在此之前你所付出的努力有多少，難道你眞要爲了這麼一點小挫折而選擇放棄？

雖然，成功之路是否已到了最後一步，機會並不會告訴我們，但至少應該知道，準備放棄前，要再問一問自己：「甘心嗎？要不再試一次？」

是的，就激勵自己再試一次吧！

只要清楚之前的努力沒有虛落，只要知道每一步都是很努力地踏下的，我們都應該多給自己一次機會，即便是得低下頭，謙卑應對。

看見面試通知單在信箱出現，克里弗德開心得跳了起來。好不容易等到面試當天，他用心地梳洗打扮一番後，對著鏡裡的自己大聲鼓勵道：「你一定可以的！加油！」

十點整，他微笑著走進那間公司，安靜地等待著櫃台小姐通報。「先生，這邊請。」克里弗德跟著她來到經理辦公室門前，接著他輕輕地敲了敲門。

「是克里弗德先生嗎？」門內傳出問話。

「經理先生，您好！我是克里弗德。」克里弗德輕輕地推開門。

「很抱歉，克里弗德先生，你能不能再敲一次門？」想不到經理冷淡要求克里弗德重來一次。

克里弗德雖然有些困惑，不過並未多想，依言乖乖地關上門，重新敲了敲門，然後再走進去。

「不，克里弗德先生，這次沒有第一次好，你能再來一次嗎？」經理示意他再度重來。

克里弗德點了點頭，然後將敲門、進門的動作又反覆做了一次，這回他主動提問：「請問，我這樣可以嗎？」

「不可以，你這樣說話不行！」經理說。

克里弗德只得退回門口，再說一次：「您好，我是克里弗德，很高興見到你，經理先生。」

只見經理搖了搖頭：「這樣不行，還是得再來一次。」

於是，克里弗德又嘗試一次：「對不起，打擾您工作了。」

「好，這次差不多了。不過，如果你能再來一次會更好，你能再試一次嗎？」經理說。

這已是克里弗德第十次進出了，心中的喜悅早已消失殆盡，忍不住想著：「怎麼如此麻煩？這真是招聘面試嗎？還是根本只想戲弄人？」

他向經理點了點頭，轉身離開，走至門口。他本想直接踏出公司大門，可才

走了幾步後，又停下來，想著：「不行！我不能就這樣離開，即使不錄用我，也得聽到他們親口對我說。」

於是，克里弗德深呼吸一口氣，又敲了敲門，沒想到這一次他再走進門時，聽見的竟是熱烈歡迎的掌聲！

克里弗德沒有想到，第十一次敲門，敲開的竟是一扇成功之門。

原來，公司要招聘的是一名市場調查員，除了要有學識素養，更得具備耐心和毅力等個人特質，這十一次敲門和問候，正是用來測試克里弗德的考題。

看完故事，我們也找出了兩個旨意，其一是「耐心與謙卑心」，其二是「成功總是只差最後一步」。

面對工作本來就該抱著謙卑的心，更要多一點耐心，尤其是在初入社會，經歷欄上還不見任何積累與實力證明時，若不懂謙虛，不能多點耐心學習，當然只能讓機會平白錯過流失了。

其實，只要能有謙虛的態度，能耐心等待，機會總會被我們等到。一如克里

弗德，若是當下不能耐心一試，也不能再次地謙卑低頭，這個讓他等待許久的機會必會轉眼成空。

不妨省思一下自己在應對面試機會時的態度，面臨相似的刁難或對待時，你又是怎麼面對因應的呢？

無論如何，請以微笑面對吧！別怕面臨的困難，也別氣憤對方的冷淡無情，學會微笑面對生活中的一切，終能得到期望的收穫和機會。

多說「我願意」，多給自己鼓勵

用挑戰的信心去嘗試，即便未能如願，一樣會有成功的感受，也多得了一次經驗的累積。

面臨新的挑戰之時，悲觀的人念頭都轉動得很快，遺憾的是，卻常常越轉越糾結，也越轉越困惑。

因爲這類人思考雖然快速，但常一頭鑽進悲觀的否定氛圍中。

對許多人來說，要說「我可以」或許不容易，但可以試著說「我願意」。無論是「願意挑戰」，還是「願意試試」，只要不一開口就說「我沒辦法」、「我不能」，那麼無論結果如何，都會得到比較正面的成果。

唐娜是某鎮上的小學老師，這天她設計了一個題目，要學生們一塊思考，在紙上寫出自己不能做到的事。

其中，有個十歲的小女孩在紙上寫著：「我不會做三位數以上的除法」、「我不知道如何讓喬比喜歡我」，至於其他的孩子，也很認真地在寫下自己做不到的事。唐娜老師也跟著大家寫下她不能做到的事，像「我不知道要怎樣才能讓約翰的母親來參加家長會」……等等。

十分鐘之後，學生們大都寫滿了一整張紙，有的甚至還寫到了第二頁。這時，唐娜連忙補充說：「同學們，寫完一頁就行了，不要再寫了。」

跟著，她拿起一把鐵鍬，然後帶著大家來到運動場邊的一個角落。

「來，你們輪流把這兒挖出一個洞！」

學生們一鍬一鍬地輪流挖土，不久，一個約三公尺深的洞出現了，唐娜要他們將紙張放進一個紙盒，然後將盒子放進洞裡，再要求他們徒手將泥土回填，直到將盒子完全覆蓋。

此時，唐娜老師對著孩子們說：「同學們，現在請你們手拉著手，低下頭，因為我們準備默哀。」

同學們乖乖地聽著老師的指示，手拉著手，在這個「墓地」圍成了一個圓圈，低頭等待。

「我很榮幸，能邀請你們一同參加這位『我不能』先生的葬禮。」唐娜老師嚴肅地說。

「『我不能』先生在世時曾與我們朝夕相處，也曾深深地影響著每一個人，有時甚至比任何人對我們的影響都要深刻得多。他的名字幾乎每天都會出現，無論是在學校、議會，甚至是公車上。」

「但這對我們來說卻是件不幸的事，所以我們要將他安葬在這裡，並為他立下墓碑，希望他能夠好好安息。同時，希望他的兄弟姐妹『我可以』、『我願意』，還有『我立刻就去做』等人能夠繼承事業。雖然他們的名氣不大，更沒有他的影響力，但確實對我們每一個人乃至全世界都是有益的。」

「願，『我不能』先生安息吧！也祝福在場每一個人都能夠振作精神，勇往

直前！阿門！」

說完後，同學們也跟著祈禱：「阿門！」

回到教室，唐娜在一張紙上寫下了「我不能」和「安息吧」這幾個字，下面則記錄這天的日期，然後把它掛在教室的前方。此後，每當有學生無意說出「我不能」時，她便會指著這個象徵死亡的標誌，要孩子們知道「我不能」先生已經死了，大家要積極地想出解決的辦法。

看完故事，我們不妨一同想一想，一年之中，或是一天之中，你會說出或想到多少次「我不能」、「我辦不到」呢？

「如果抱著否定自己的念頭，那麼再簡單的事情我們也無法辦到！」這是唐娜老師在故事中傳遞出來的訓示。

所以，當生活中出現難題，多告訴自己「我願意一試」，或多給自己鼓勵「我可以辦到」吧！只要我們能積極相信自己，自然不用擔心或苦惱問題的難易，因爲無論如何，我們都能用挑戰的信心去嘗試，即便未能如願，一樣會有成功的感

受，也多得了一次經驗的累積。

受阻於「我不行」與「我不能」兩塊巨石前的人，現在不妨給自己一點點力量，告訴自己：「就試一試吧！就當給我一次不一樣的生活體驗機會吧！」

再困難的事情也一定能找出解決的方法，只要多動動腦，多說「我願一試」、「我想一試」，慢慢地，我們會知道任何事都不像想像中的困難，甚至連跌倒的姿勢都足以讓人著迷心動。

「面對」是紓解壓力的最好解藥

發現問題出在自己的身上時，要勇敢地面對它、克服它，發現腳步在逃避的時候，要勇敢地阻止它。

每個人都一定會面臨壓力，無論是來自工作的折磨，抑或是人際交流時的困擾，壓力幾乎無所不在。

面對無孔不入的壓力，該怎麼因應看待？

方法其實很簡單，只要能笑看生活中的各式壓力，只要我們能隨時提醒自己「一定有辦法克服」，自然能忘記壓力帶來的神經緊繃和悲觀情緒。

別說「不容易」，不試一試，又怎麼知道方法是簡單還是困難？

曾有名年輕的汽車銷售經理在事業處於巔峰狀態之時，不知道為什麼，忽然變得日益消沉。他開始覺得自己就要死了，甚至還為自己買了一塊墓地，準備好「等死」。

但實際上，他的問題一點也不大，只是壓力太大了，以致於感到心悶，偶爾出現呼吸困難的狀況。

家庭醫生把問題找出來後，便積極勸他好好地休息，並淡然地面對生活中的一切，最後乾脆要他離開職場，重新尋找生活目標。

幾經思索之後，他依言停下手中的工作，返家休養了一段時間，但問題仍然無法解決。不但呼吸變得比過去還要急促，心跳也更快了，就連喉嚨也不時地出現梗塞。

不得已，家庭醫生只好勸他離開家到外地度假，最終，經理選擇了科羅拉多州。只是那裡雖有清新的氣候，也有美麗的山景，卻始終解開不了心頭的問題，反而使他更陷入恐懼中。

一周後，他回到家裡，越發覺得自己「死期已到」。

「你到羅契斯特市找梅歐醫師看看，那位醫生醫術很高，也許能改善你的病情，徹底弄清楚狀況。」朋友建議他換個醫師診治。

經理答應後，立即來到羅契斯特市求助。

在這裡，梅歐醫生替他做了全身檢查，沒想到最後竟告訴他：「你的問題，是吸入了過多的氧氣。」

經理一聽，著急地問：「氧氣太多？怎麼可能？那我該怎麼辦？」

醫生笑著告訴疑惑的他：「方法很簡單，每當你感覺到呼吸困難時，就將這個紙袋口套住口鼻，然後用力地呼氣，跟著再暫時閉氣，反覆幾次後，狀況就會改善了。」

醫生說完便交給他一個紙袋，跟著他立即遵照指示呼氣閉氣。短短幾分鐘之後，他的心跳和呼吸竟真的變正常了，喉嚨也不再覺得梗塞。

此後，每當症狀發生時，他都先閉氣一會兒，等一切情況都舒緩後，才再輕鬆呼吸吐氣。一連治療了好個月之後，不僅恐懼不見了，連那些奇怪的病症也慢慢地消失了。

「其實，他不過是壓力太大了，只要將壓力轉移，讓情緒找到出口，病情自然好轉、根治。」醫師對經理的好朋友說。

事不愁人人自愁，這是現代人常見的狀況。本來很簡單的事情，一落到EQ差的人手中，小問題也成了大麻煩，原本可以轉眼輕鬆解決的事，在這一類人手中變得越來越糾結、複雜。

一如故事中的經理，雖擁有著絕佳機運，但他並未從中得到力量，反而讓自己困陷在害怕裡，失去眼前機運。

仔細想想，你是否也曾有過類似的擔心苦惱？

紓壓的方式因人而異，重點在找出自己的問題所在。

其實，人人都會遇上「壓力」問題，不妨一同回想小時候，那些因爲不想上課的壓力所引出的身體不適狀況，是不是很像故事中的例子？或許回想起來讓人覺得好笑，但那卻是得以參照今日狀況的最佳例證。

畢竟，曾經歷的感受是最深刻的，從中我們會更加明白一個道理：當發現問題出在自己的身上時，要勇敢地面對它、克服它，發現腳步在逃避的時候，要勇敢地阻止它。

唯有能正視它，才能打開胸襟容納它，並找出解決的方向和方法。

不滿足使你錯失正擁有的幸福

還在埋怨現在的生活嗎？還在怨怪環境不如意嗎？聰明的人會從不完美中看見完美，然後認真看待自己擁有的，好好珍惜身邊一切人事物。

能不埋怨，我們自然能多一點時間享受擁有；能少一點抱怨，我們便能多一點心力珍惜擁有。

換句話說，當生活中不再有埋怨出現，你我將更感到快樂滿足。

感到滿足，自然時時樂於分享歡笑，樂觀的生活態度也會跟著出現，即便走向人生的困境，一樣能帶著微笑，輕鬆走過。

能笑看生活的人，都知道人生操之在己，日子最終會是快樂還是悲苦，當然也操之在己。

很久以前，有個善良且熱心的老人，死後升上天堂，便被賦予了天使的身份，上帝允他回到人間，繼續傳播自己的善良與熱心。

有一天，他遇見一位農夫，看起來似乎很不快樂，只見他對著天祈禱：「天使哪！我的水牛剛剛死了，少了牠幫忙犁田，我要怎麼下田耕作呢？」

天使聽見了十分同情他，便送了一隻健壯的水牛給農夫。

「太好了，感謝上帝啊！」農年開心地叫喊起來。

天使看了也十分開心，感受到農夫的幸福快樂。

又有一天，天使遇見了一名詩人，不但年輕英俊又富裕、才華洋溢，還擁有美麗的妻子，但他卻過得很不快活。

天使悄悄來到對方身邊，問他：「你不快樂嗎？需要幫忙嗎？」

詩人回答：「其實，我什麼都有了，只是欠了一樣東樣東西，這個……你真的能給我嗎？」

天使點頭道：「可以，只要你說出來，我一定可以給你。」

詩人看著天使，然後一字一句地說：「我要幸福！」

天使愣了一下，仔細想了想，然後才對他說：「好，那你得把現在所擁有的一切都給我！」

詩人答應後，天使便將詩人所擁有的一切都取走，包括了才華、容貌，以及財產和嬌妻。一個月之後，天使再來到詩人的身邊，這時候的詩人已是個一無所有的乞丐。看著對方冷得直打哆嗦的模樣，天使微笑地拍了拍他的肩，然後說：「現在，你知道幸福是什麼了嗎？」

天使當即將詩人原來擁有的一切還給他，然後便離去了。

半個月之後，天使再去探望詩人，這一回詩人滿臉笑容地摟著妻子出現，然後不斷地鞠躬道謝：「謝謝，我知道什麼是幸福了。」

很有意思的一則小故事，佐證了一個道理：人總要等到失去後才懂得珍惜，也總在失去的時候，才知道自己原來擁有著渴望已久的快樂和幸福。

聰明如你，還在埋怨現在的生活嗎？還在怨怪環境不如意嗎？

先將所有埋怨情緒暫歇，想一想現在所擁有的一切吧！當世界上還有人連可遮避的屋舍都沒有時，我們眞的已是很幸福的了。許多人常空著肚皮，我們卻還能有一口飯吃，怎能不懂得珍惜感謝？

人生絕不會是十全十美的，聰明的人會從不完美中看見完美，然後認眞看待自己擁有的，好好珍惜身邊一切人事物。

透過詩人的例子，我們可以明白，如果還有時間去質疑生活中的不足，很多時候正是表示著我們「身在福中不知福」啊！

別懷疑，人總是這樣的，要等到失去的時候才懊惱當初不知珍惜。若不想有這樣的遺憾，請好好珍惜現在所擁有的一切。

怎麼希望，生活就怎麼發熱發光

歡笑或是悲觀，從來都是由自己決定，苦悶或樂觀也是由自身選擇，簡單來說，生活主控權就在你我手中。

想想身邊的老人家，看看身邊的小朋友，若問他們，爲何可以如此開心地歡笑，相信會聽見這樣的答案：「因爲我很快樂啊！」

之所以很快樂，原因無他，正因爲他們想快樂。對他們來說，生活中的憎恨與怨怒不必多記，苦惱煩悶更不需放在心上。多一個轉念，自然會看見積極樂觀的心，那是無論生活怎麼變動，我們都能擁有的。只要要求自己選擇它，每個人都一定會擁有充滿笑聲的生活。

瓊斯夫人已經九十二歲了，這天一早起床，仍和往常一樣親自打點整理自己的儀容。淡淡的妝扮，簡單中更顯她的天生氣質。

說到這兒，也許大家以為瓊斯夫人名貴婦，有許多人照料，事實上她已雙眼失明，即將被送到一間養老院，因為她的丈夫在不久前去世了，孩子們無力照顧，只好將她送進養老院。

來到養老院大廳，院方人員已等候許久，看護工上前迎接並告訴她：「夫人，您的房間已經準備好了，現在就請南西送您過去吧！」

瓊斯夫人點了點頭，跟著便由南西牽著她的手前進，在此同時，南西開始對她說明房間內的擺設，像是窗邊的美麗窗簾和精美的桌椅等等。

「真是太棒了，我喜歡極了！」瓊斯夫人開心喜悅地說。

南西笑著說：「瓊斯夫人，您還沒走到房間裡，也還沒看見它呢！」

瓊斯夫人也笑了：「親愛的，有沒有看見並不重要，因為快樂由自己決定，我喜不喜歡那間房間當然也由我決定，與擺設無關。現在我已經決定喜歡它，所

以它會是最棒的地方。」

「夫人，您說得真好。」南西忍不住稱讚道。

「那也沒什麼，我每天早上醒來都會告訴自己，無論生活怎麼變化，一定都要快樂地迎接它，因為每一天都是上帝給的一份禮物。事實上，我還有五個簡單的快樂生活法則，一是心中不存憎恨，二是腦中不存擔憂，三是簡單生活，四是多點分享，五是少點慾望。」瓊斯夫人補充道。

閱讀這則故事，有多少人會感覺心情漸進平靜，感受到瓊斯夫人傳遞的生活智慧，一則很簡單的生活禪思：「做個快樂的生活操盤手。」

你快樂嗎？

事實上，我們可以拒絕焦躁不安的情緒，更可以甩開苦悶憂鬱的心情，因爲沒有人會喜歡哭泣，更沒有人不渴望看見笑容。如果眞想看見希望，只要現在告訴自己：「笑一笑，一切都會沒事的！」

相信希望在眼前，身上的細胞必將因爲這個樂觀念頭而漸漸充滿活力，引領

我們從負面感受轉向樂觀希望。

歡笑或是悲觀，從來都是由自己決定，苦悶或樂觀也是由自身選擇。生活主控權就在你我手中，我們怎麼決定，生活便會朝向那個目標前進，誠如瓊斯夫人所言：「喜樂由我決定，只要我選擇開心，那麼無論走到哪兒，都會是充實且快樂的。」

不要用壓力解決問題

越有壓力越難發揮創意，思考也容易堵塞，反倒是暫時放下，到戶外走動走動後，創新的點子隨即湧現。

不要凡事都用「壓力」解決，你給別人壓力，別人必然也會把相同的壓力加諸在你身上。當環境氣氛充滿了緊張壓力時，只會讓我們的情緒更加緊繃，一旦處理不當，情緒炸彈隨時都會爆開。

凡事放輕鬆一點吧！

寬容待人等於寬容待己，別給自己和他人過多的壓力，若壓力出現時，不妨立即休息片刻，喘一口氣。

有一戶居住在深山中的人家，每當缺乏生活用品時，便得走一段很長的山路下山購物。然而，這段路並不好走，路長坡陡，對大人來說，負載重物都有些辛苦了，更別提孩子了。

這天，父親叫兒子下山到鎮上買油，臨行前交給兒子一個大碗，並厲聲警告他：「你千萬要小心點，我們家的經濟情況越來越糟，沒有多餘的錢讓你浪費啊！你一定要小心點，千萬別把油灑出來了。」

孩子點頭答應，然後便急急下山，到父親指定的店裡買油。在上山回家的路上，他果真沒忘記父親厲肅的表情與警告，小心翼翼地緊盯著手中的油，雙手僵硬地緊抓著這只大碗，抖著身子向前行。

小男孩舉步十分小心，絲毫不敢左顧右盼，好不容易來到家門口時，沒想到卻因為只顧著碗裡的油，沒有察覺到前方的一個小坑洞。所幸坑洞不大，沒有將他絆倒，但失衡時的小晃動，仍害他灑掉了三分之一的油。

男孩看見油灑了三分之一，十分緊張，一想到父親嚴厲的臉龐，擔心得雙手不停發抖，根本無法將碗端穩，走進家門後，碗裡的油只剩下二分之一。

父親聽見兒子回來，立即前來查看，見到碗裡只有二分之一的油，不禁怒吼道：「我不是叫你小心點嗎？你居然浪費了二分之一的油，氣死我了，你不知道我們賺錢有多辛苦嗎？」

男孩被罵得放聲大哭，坐在房裡的母親聽見了，連忙跑出來安慰。瞭解情況以後，她先安撫丈夫的情緒，接著便對兒子說：「乖，別哭了，媽媽要你再去買一次油。聽好囉，這次我要你在回來的途中，多觀察沿途風光，然後回來告訴我你看見的風景！」

小男孩聽見又要去買油，連忙說：「媽咪，不行的，我連碗都拿不穩了，怎麼觀察風景呢？到時候碗裡的油肯定灑得一滴不剩，回來被爸爸看見，我肯定會被爸爸打的。」

「不會的，媽媽相信你一定可以做到！」

母親鼓勵著孩子，男孩只得再次下山。

回來途中，小男孩謹記著母親的指導，用心觀察沿路風景，山坡地的美景輕輕地紓解了他的緊張。

仔細享受著美麗梯田與其他孩子在空地上快樂遊玩的畫面，男孩的腳步越來越輕快，不知不覺間，已經來到了家門口。

他低頭一看，見到碗裡的油依然是滿的，一滴也沒有濺灑出來，立即將油交給父親，開心地說：「我做到了！」

不論是對孩子或是對下屬，很多人習慣用近似恐嚇的方式教育或訓戒他們，殊不知，當他們心中存在這些無形的壓力之後，處理事情反而更容易出錯，交付的工作更不容易達成。

適度的鞭策是必要的，但更重要的是：「給他們肯定，然後相信他們一定能達成任務！」

與其不斷施加壓力，不如協助他們建立自信，只要讓他們有了信心，工作起來自然輕鬆自在，也更能放心揮灑他們無限的創意與潛力。這就好像故事中的小男孩一樣，當母親告訴他「你一定行」時，小男孩雖然有些擔心，但也增添了幾

分信心。

從事創意工作的人都知道，越有壓力越難發揮創意，思考也容易堵塞，反倒是暫時放下，到戶外走動走動後，創新的點子隨即湧現！

凡事放輕鬆吧！試著放下心頭的壓力，學習孩子們天眞無慮的態度過生活，說不定從中你將發現，原來自己竟浪費了那麼多時間在無謂的煩惱上，又白費了那麼多心力在反手就能解決的問題上！

靜下心就能避免不少紛爭

只要情緒加溫時，我們學會冷卻自己的心，在即將開口前先緩一口氣，想必能避免不少無謂的紛爭。

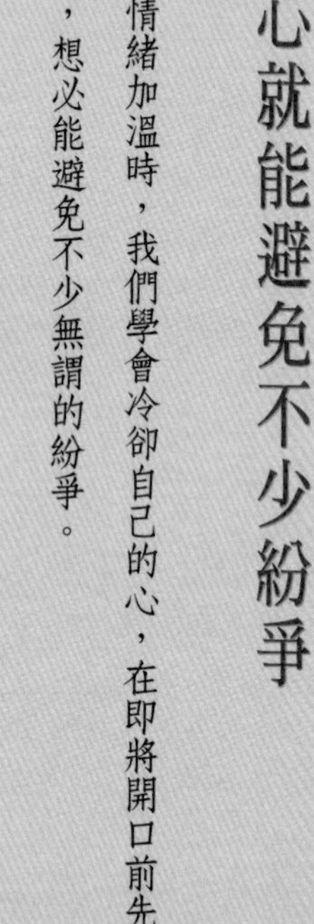

你是否曾當過和事佬？當你聽見爭吵雙方大聲提出他們爭吵的理由時，你是否經常嘆氣地問他們：「這有什麼好吵的？」

是呀，總是有人爲了丁點小事大吵大鬧，或是爲了一點小事而拳腳相向，殊不知，這些爭吵實在沒有必要，只是讓自己出糗罷了。

聰明人都知道，解決問題的最好方法，不是比誰比較大聲，而是誰說的比較有理。聰明人更知道，遇上那些有理說不清的人，與其用力提點，不如閉嘴不再

多說。

據說，孔子曾經遇過這麼一個狀況，有兩個窮人在大街上吵得面紅耳赤，孔子見狀，便上前問他們為何爭吵。

沒想到，他們爭論的問題是道算術題，那瘦子說「三五」得出「十五」這個數，但胖子卻堅持「三五」應該是「十四」，兩個人就為了究竟「十五」還「十四」吵得不可開交，幾乎快大打出手了。

二個人把情況詳細解說，並要求孔子為他們裁定，指出誰的答案才正確。

「我們的賭注是，輸家得將一天的食物送給勝利者。」

結果，孔子卻要瘦子將食物交給那個胖子。胖子拿了食物，與高采烈地離開了。聽到這樣的裁判，瘦子當然不服了，氣憤地說：「先生，三乘五等於十五，怎麼會是十四呢？這可是連小孩子都知道的答案啊！你是有名的聖人，怎麼會說錯答案呢？看來你這聖賢之名根本是浪得虛名呀！」

只見孔子笑了笑說：「你說的沒錯，三乘五是十五，這是連孩子都懂的道理，所以只要你堅持這個真理就行了，何必要跟一個不懂真理的人起爭執呢？你和一個不值得認真對待的人討論這麼一個不必討論也知道答案的問題，不是太浪費生命了嗎？」

聽見孔子這麼說，窮瘦子眼睛一亮，接著滿臉尷尬地說：「是啊！」

孔子點了點頭說：「朋友，那個人雖然奪走你的食物，卻讓自己一生都在糊塗與錯誤中度過。你雖然失去一天的食物，卻換得一個難得的教訓和生活智慧，不是嗎？」

哪一個答案才是最正確的，從孔子的角度來看，一個固守錯誤答案的人，一個連自己有錯都不知道的人，根本不值得我們與之爭執，平白無故地讓自己火冒三丈，不僅讓自己活受罪，更浪費時間。

這則故事中告訴我們：「人和人之間的爭執常發生在這樣的無聊事情中，若是你知道哪一個答案才是正確的，那麼何妨一笑置之、微笑退讓，少一頓飯，換一身的瀟灑自在與聰明智慧，不是更值得？」

仔細想想你是不是曾經爲了小事與人爭吵，其中內容是不是常和故事中的十四、十五一樣可笑？人總愛爲這些芝麻綠豆的小事爭得面紅耳赤，甚至互相鬥毆得渾身是傷後，才發現自己的癡愚可笑。

情緒操控在我們手中，只要今天可以按捺住，往後不管我們遇到什麼樣的問題，都一定知道怎麼用智慧解決。

沒有人喜歡與人爭吵，因而只要情緒加溫時，我們要學會冷卻自己的心，在即將開口前先緩一口氣，然後仔細想想，爲這樣一個小問題起爭執會不會太無愚笨了？又再想一想，若是爲了這麼一件小事情吵得連朋友都做不成，會不會太可惜了呢？

如此一想後，想必能心平氣和許多，也能避免不少無謂的紛爭。

11. PART

運用智慧，活用眼前的機會

大多數人不知道自己到底想要些什麼，
即使立即滿足了需求，
最後還是會因缺乏宏觀的視野，
讓生活不斷地出現紕漏。

把生活的主控權握在手中

人生必須操控在自己手中，給自己多一點生存的勇氣，用積極的生活態度突破僵局，人生自然會朝著計劃中的方向前進。

你確定現在的你是最好的情況嗎？對於目前情況你又有幾分把握？真正的人生是在不斷的變動中前進，再堅強的臂膀也不一定能永遠依靠，金融海嘯一來，誰都無法給你保障。所以，我們要把生活的主控權拿回來，不能再被「習慣」囿限。

若是太過依賴現狀，一旦有突發狀況，我們便很容易失去方向，像那些從天堂掉到地獄的華爾街金童一樣。

在公司表現不凡的吉米，在朋友們的眼中是個不可多得的領導人才，但是不管大家怎麼勸他自行創業，吉米總是說：「自己當老闆風險太高了，還是領人家的薪水比較安穩。」

對吉米來說，家中還有妻兒要照顧，當然不能冒險開公司，即使天時、地利、人和都齊備了，他還是沒有勇氣冒險。直到大環境出現了問題，突如其來的經濟蕭條才讓他發現：「原來生活處處都有風險，沒有任何工作會是永遠可靠的港灣，我要隨時準備好重新開始。」

於是，當大家在裁員危機中慌張不已時，吉米已經知道如何為自己找到新的開始。然而，面對長期投入的市場，面對日益加劇的經濟不景氣，吉米心中難免會出現擔憂與慌亂。

但是，妻子經常對他說：「老公，別擔心，大家一直很肯定你的才能，我也相信你一定行的！」

「嗯，長期累積的人脈與工作經驗，正是我最好的依靠啊！我還在擔心什麼？

我絕對不能再坐以待斃！」吉米鼓足了勇氣對妻子說。

於是，當大家還在猜測自己是否會被裁員時，吉米提出了辭呈，因為他決定要自己當老闆了。

這位知名醫療設備的行銷員從二手醫療設備開始，不斷鼓勵自己：「假以時日，我必然會超越舊公司的成就！」

吉米找來了許多舊伙伴，從小型的服務機構開始著手推銷，雖然一開始未如預期的順利，但是勇氣與鬥志已被喚起的吉米卻一點也不擔心，因為他不想再過那種每個月固定薪水進帳的日子，更不想下一次經濟蕭條時還得煩惱自己將成為失業人口。

現在對吉米來說是再好不過的，擁有自己的公司之後，他反而更加安穩了，因為他發現：「如今一切全操之在我！」

相信你也有過看小螞蟻搬家的經驗，我們曾經阻礙牠們前進的路，也曾移動牠們預備好搬回家的食物，還破壞牠們的巢穴，但不論我們製造多少意外，牠們

還是會繼續完成既定的任務，從未放棄、退縮。

意外狀況發生時，無論是突破困局，還是另謀新人生的開始，我們都要像小螞蟻一般，給自己多一點生存的勇氣，用積極的生活態度突破僵局，人生自然會朝著計劃中的方向前進。

你的人生是否已經掌控在自己的手中？還是，你仍然擔心生活中不斷出現的各種突發狀況？

不論眼前是什麼情況，我們都要記住一個重點：「相信自己，因爲你的人生必須操控在自己手中！」

懂得割捨，才能獲得

人都希望少一點犧牲，多一點擁有，不過，機會的遊戲規則總是不盡如人意，人們要多一點犧牲，然後才能得到多一點機會。

我們常聽老一輩的人說：「有捨才有得！」

那是因爲先有犧牲，我們才能有更多的空間補充眞正需要的。

其實，學會犧牲沒什麼不好，與其糾結著心斤斤計較，不如寬心一點，把眼光放遠，說不定更能看見千載難逢的機會。

對於人們羨慕的眼光，「電學之父」法拉第一點也不驕傲，因為他清楚知道眼前的機會是自己爭取來的。

從一個裝訂工到一位成就非凡的科學家，這一切得歸功於化學家戴維的提拔，除此之外，若不是法拉第積極為自己爭取機會，也許他永遠只是個沒沒無聞的小雜工。

法拉第還是個裝訂書報的工人時，每一次聽完了戴維的報告後，都會把所有的報告重新謄寫過，並且小心整理，裝訂成一本小冊子，然後再恭敬地把用羊皮封起來的冊子送去給戴維。

戴維深受感動，並力邀法拉第到實驗室面談。

但是，他和法拉第談完後，卻說：「對不起，我看你年紀也不小了，而且教育程度也不高，我想這裡不適合你，你還是回到裝訂室去吧！」

原本滿懷希望的法拉第，沒想到戴維當場潑了他一桶冷水。

不過，這桶冷水似乎澆不熄法拉第的企圖心，他認真地看著戴維說：「沒關係，當不成實驗員，那就讓我在工作室裡打雜吧！」

戴維想了想說：「好吧！」

就這樣，法拉第一步步朝著實驗室助手之路前進，從雜工到科學家的道路，他走得一點也不輕鬆，但是，這位電學之父始終知道：「無論如何，最後，我一定會成功！」

懂得割捨，才能獲得。凡事不能急躁，所以法拉第知道要退而求其次，先從雜工開始，慢慢地往自己的科學夢前進。

我們都是在「犧牲」與「擁有」之間不斷估算，大多數人都希望能少一點犧牲，多一點擁有，不過，機會的遊戲規則總是不盡如人意，我們往往要多一點犧牲，然後才能得到多一點機會。

學學法拉第，學習他謙卑與犧牲的人生態度：「從頭開始也無妨，雖然現在只是個雜工，距離科學家還有長一段距離，但是只要對自己有信心，無論終點多遠，我們都一定能走到。」

適當的慾望能激發生命能量

人生能否充滿喜悅，是否可以事事順利，其中關鍵不在於外在怎麼給予，一切全看我們內心怎麼要求自己。

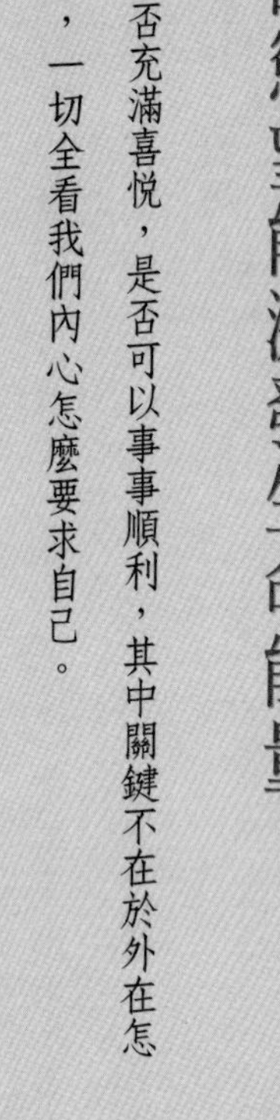

激勵作家安東尼．羅賓巡迴演說時曾經說過：「生活就好比軍隊打仗，勝利的方程式其實很簡單，那就是面對各種挑戰與困境之時，要擁有非成功不可的企圖心，勇敢地向命運之神要求更多。」

要求多，我們的企圖心便相對地增高，希望能再「多得一些」，我們的行動力就會更加積極。

沒有行動不可能擁有一切，所以，給自己多一點慾望與要求，我們才會更加積極地鞭策自己，早日滿足心中的夢想。

研討會剛剛結束，安東尼．羅賓帶著有些疲憊的身體在科普利廣場上散步。在這個夜深人靜的時分，羅賓難得仔細觀察他每天經過的廣場。

四周的建築好似訴說著一段段美國歷史，因為每個時期不同的建築風格正環繞著。羅賓踱著步伐走過，但此刻的心情有些被打亂，因為他的面前忽然出現一個流浪漢，帶著滿身酒氣搖搖晃晃地走來。

羅賓心想：「大概想要錢吧！」

果然如他所預期的，流浪漢一看見羅賓便迫不及待地開口說：「先生，給我一塊美元吧！」

一開始羅賓有些猶豫，但最後他還是拿了一塊美元出來，畢竟這一塊錢實在沒什麼，只是他不想眼前這個人高馬大的流浪漢繼續墮落，心中想著：「這不能救急也不能救貧，我應該給他一個方向。」

羅賓對他說：「你要一美元嗎？真的只要一美元嗎？」

只見流浪漢晃著腦袋說：「就一塊美元。」

羅賓遞給他一塊美元後，又對他說：「先生，人生能得到多少，得看你對人生有多少要求。」

流浪漢聽見羅賓這麼講，一時之間愣住了，但是，幾秒鐘過後，便拿著錢搖搖晃晃地離開了。

就像安東尼．羅賓從流浪漢身上所看到的，即使是相同的人生旅程與時間，成功者和失敗者之間最大的差異是他們「自我要求」的不同。

換句話說，人生能否充滿喜悅，是否可以事事順利，其中關鍵不在於外在怎麼給予，一切全看我們內心怎麼要求自己，所以安東尼．羅賓在故事中點明：「人生會給予你想要的一切，如果你只要求一美元，那麼你就只能得到一塊美元，相同的，如果你想要充滿喜悅且成功的未來，那麼只要你向自己要求，很快地你便能達到希望。」

其實，適當的慾望確實有助於提昇生活品質，我們不必一面倒地苛責慾望的

負面效用，我們可以給自己一些目標，要求高一些，那麼實現希望的機會自然能高一些，這是生活中很普遍的原則。

因為，當我們對自我要求提高，對生活慾望多一些之後，改變生活的動力便會自然而然地增強，無論是活力、勇氣和企圖心，或是責任感與自信心，都能隨之提升。

只要是正面的慾望，我們都會因為希望「再多一些」，而讓自己獲得前所未有的生命能量。

外表越華麗，內在越空虛

再華貴的外表也藏不住內在的空虛，與其追求浮華的外在包裝，不如好好地填補內在的空洞。

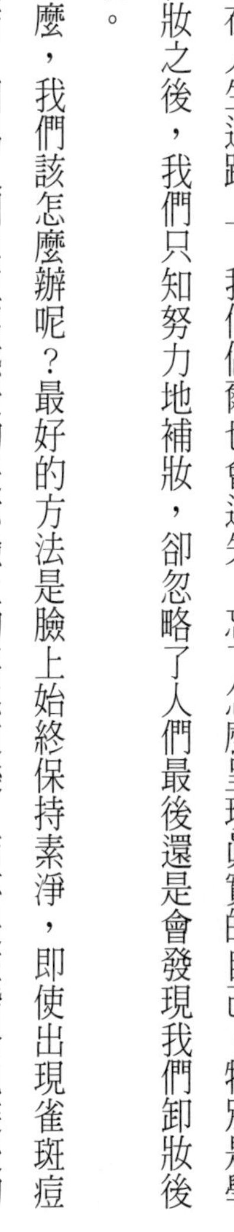

走在人生道路上，我們偶爾也會迷失，忘了怎麼呈現眞實的自己。特別是學會了化妝之後，我們只知努力地補妝，卻忽略了人們最後還是會發現我們卸妝後的原貌。

那麼，我們該怎麼辦呢？最好的方法是臉上始終保持素淨，即使出現雀斑痘疤也無妨，因爲人們眞正要感受的是你臉上的喜怒哀樂，而不是在脂粉包裝後的虛情假意。

德國有一位很有才華的年輕詩人，創作了許多華麗詩篇，卻一直找不到欣賞自己的知音。

「為什麼會這樣呢？為什麼人們不懂得欣賞呢？」他不斷地質疑別人的鑑賞力，從未懷疑過自己的才能。

這天，他帶著詩集向一位從事鐘錶工作的長輩請益，當老鐘錶匠靜靜聆聽他的故事之後，什麼話也沒說，只領著他進到一間小屋裡。

裡面陳列著各式各樣的名貴鐘錶，都是詩人從來未見過的，只見老人家從櫃子裡拿出一個小盒子，一打開，裡面正躺著一只十分精美的金色懷錶。

「你要不要看看？」老鐘錶匠將懷錶遞給詩人。

詩人接過後仔細地拿在手上玩賞，發現這只懷錶不僅外貌美麗，而且十分精巧，上面居然還清楚地顯示出年份和日期，甚至連星象的運行和大海的潮汐期都顯示出來呢！

詩人忍不住讚嘆：「這真是一只神奇的錶，它應該是獨一無二的吧！」

詩人對這只錶愛不釋手，也忍不住問老人家錶價，沒想到老鐘錶匠卻說：「這麼喜歡嗎？那麼你手上的那只錶脫下來給我就好了，以物易物！」

詩人開心地脫下手中的普通手錶，立即將懷錶掛到身上，從此，無論是吃飯還是走路，就連洗澡睡覺也片刻不離這只錶。

但不久之後，詩人開始對這只錶產生煩膩，最後竟回到老鐘錶匠那兒要求換回自己的普通手錶。老鐘錶匠聽見詩人要換回自己手錶時，臉上故意表現出吃驚的模樣：「咦？這樣珍奇的錶你怎麼不要了呢？」

詩人搖了搖頭說：「因為它沒有分針、秒針和時針啊，錶的最大功用是表現時間，雖然這只錶會告訴我潮汐時間和星象運行的情況，但是那有什麼用處？根本沒有人會問我這些訊息。我帶著它卻反而要詢問別人時間，多奇怪啊！所以，這只錶對我來說，根本一點用處也沒有！」

老人家靜靜聽完年輕人的不滿，接著便微笑地拿起詩人的詩集說：「孩子，那就讓我們好好地找尋更適合自己發展的方向吧！你要記住，你真正想要帶給人們的是什麼。」

這會兒詩人瞪大了雙眼，恍然大悟，終於知道自己的問題所在。當他把舊錶套回手上後，平靜地說：「我明白了，謝謝您！」

你明白了老人家的暗示嗎？其實，故事的意旨很簡單，正是「樸實無華」四個字。創意不需要譁衆取寵，做人更不能華而不實，因爲越華麗的東西往往越難親近，人們便會覺得它們不夠實際，所以寧願捨棄。

當老工匠看見詩人華美的詩篇，便知道年輕人已經忘了創作的初衷，更忘了將發自內心的眞切感受表現出來，如此缺乏生命共鳴的詩文，無論寫得多麼華麗，始終不得人心。

所以，老鐘錶匠提醒我們：「再華貴的外表也藏不住內在的空虛，與其追求浮華的外在包裝，不如好好地填補內在的空洞。無論你想怎麼呈現你的人生，最重要的是讓人們知道什麼才是真實的你自己。」

運用智慧，活用眼前的機會

大多數人不知道自己到底想要些什麼，即使立即滿足了需求，最後還是會因缺乏宏觀的視野，讓生活不斷地出現紕漏。

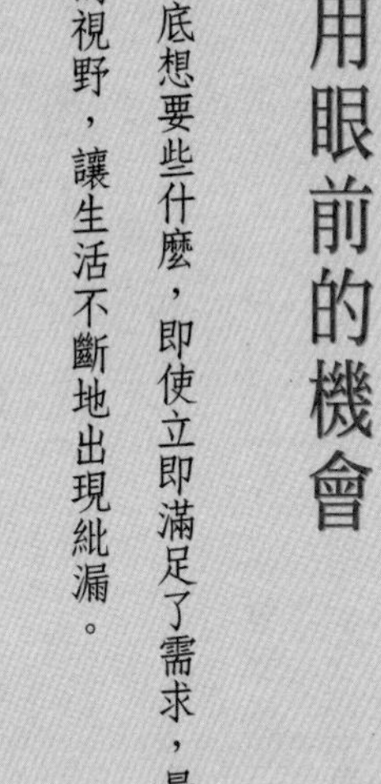

作家茨威格曾經如此寫道：「一個平庸之輩能抓住機緣使自己平步青雲，這是很困難的。因為，偉大的事業降臨到渺小人物的身上，僅僅是短暫的瞬間。誰錯過了這一瞬間，它絕不會再恩賜第二次。」

只有懂得運用自己智慧的人，才能抓住一閃即逝的機會。

未來會是什麼模樣，下一步能否走得平穩，並不是我們可以預料到的，然而只要我們知道好好把握當下，知道自己的機會在哪裡，無論下一步是否得顛簸，最終一定會到達我們心中夢想的花園。

有三個罪犯同時被判監禁三年，被押到獄所時，典獄長對他們說：「你們可以提出一個要求，我一定會讓你們達成心願。」

美國犯人連忙說：「真的嗎？那我要三箱雪茄！」

「好，沒問題！」典獄長說。

「我可不可以請求一位美女相伴？」追求浪漫的法國犯人怯怯地問著。

只見典獄長笑著說：「可以，沒問題！」

「那你呢？」典獄長看著還在思索的猶太犯人說。

「請提供我一部電話。」猶太犯人認真地回答。

典獄長果真實現他們的要求，而且三年都未索回。

三年後，三個人同時出獄了，第一個衝出獄所的人是美國囚犯，但他衝出來的原因卻不是因為重獲自由，而是：「快給我火！快幫我點火！」

原來，當初要求雪茄的他，居然忘了要打火機了，三年來他只能以咀嚼煙草來過乾癮。

接著走出來的是法國人，只見他手裡抱了一個孩子，美麗女子則牽著另一個孩子在身邊，遠遠看來，女子肚子裡似乎還懷著一個。

最後走出來的是猶太人，沒想到他一走出來，便立即問著：「請問典獄長在哪兒？我想當面謝謝他！」

「我在這裡！」典獄長出現後，親切地拍了拍他的肩。

猶太人立刻用力地握住典獄長的手，感激地說：「謝謝您，若不是您讓我繼續與外界聯絡，我恐怕將一無所有了。如今，我的生意不但沒有歇業，業績反而增加了百分之百！為了表示感謝，請您一定要收下我送的勞斯萊斯轎車。」

相同的機會在你手中，你會怎麼把握，又會提出什麼樣的要求？

從美國人的身上，我們看見了大多數人及時行樂的生活態度，這類人多數缺乏遠見，不知道自己到底想要些什麼，所以，即使立即滿足了需求，最後還是會因缺乏宏觀的視野，讓生活不斷地出現紕漏。

至於法國人的情況和美國人一樣，他們都只專注眼前而忘了未來。從獄所裡走出來時雖然有了妻兒，但是眞正的現實生活才剛要開始，或許一走出監獄他便已經感受到了。

猶太人是最聰明的人，把典獄長難得給予的機會，用來享樂實在太浪費了，深思熟慮的猶太犯人知道機會難得，所以認眞地思考，更爲自己的未來做了全盤的規劃，因爲他知道人生不是只有這三年！

爲了三年後的發展，猶太人要了一部電話，並充分地利用這三年的時間延續事業版圖，結果也如我們在故事中所見，他的計劃確實成功了。

面對未來的方向，我們應該學習的不僅僅是如何創造機會，還要知道機會來的時候，要如何好好把握！

適當地安排你的工作與玩樂

執意享受物欲的人隨處可見，從他們的身上我們經常發現價值觀偏差的迷失，以及生活態度的誤謬。

我們必須懂得適量地安排工作與休息時間，讓兩者均衡，不要讓工作過量，也不要縱容自己玩過了頭。

生活中大多數的情況，是一旦超過了界限便要跌入深谷，特別是那些無法掌握自己慾望的人會跌得更深。

有一艘船在航行中遇到了暴風雨，不幸偏離了航向，一直到次日風平浪靜時，大家才發現船的位置不對。這時，他們發現前方有一座美麗島嶼，船長便決定靠岸休息。

從甲板上望去，島上繁花盛開，鳥兒們美妙歌聲不住地傳來，樹上還結實累累，如此美麗景緻深深地吸引了所有人的目光。

「現在，大家分成五組到岸上走走。」船長鼓勵大家。

但是，第一組旅客害怕錯過起航時間，所以他們雖然深深被小島吸引，卻仍然忍住慾望，堅持不登陸，寧願固守在船上。

至於第二組旅客則相反，討論完後，便急急忙忙登上小島，迅速地在島上繞了一圈，還嚐了些新鮮野果，最後帶著飽滿充實的心情回到船上。

第三組旅客也上岸遊玩，但由於時間沒有規劃好，在島上停留的時間太長了，以致於差點錯失了啟航的時間。最後，他們慌張地往回飛奔，結果有人忙亂中被樹枝刮傷，有人則掉了身上的物品。

不過，第三組人馬最終還是趕上了船，不像第四組人一直認為船長不會丟下他們逕自開船，直到船真的要起航時，他們才趕回岸邊。最後，有許多人還是跳入水中游到船邊，才被救回船上的，其中有人還受了重傷，直到抵達目的地還未康復。

那第五組旅客呢？關於第五組旅客的情況，知道的人不多，最後看見他們的人說：「我看見他們的時候，個個都醉倒在地上了，看來他們一定沒聽見啟航的汽笛聲，鐵定還在島上。」

沒錯，第五組旅客因為太過散漫，醒來的時候，輪船早就不知道航向何方了，最後不幸命喪小島上。

旅客的命運像五種人生遭遇，在象徵享樂主義的小島上，因爲人們掌控慾望能力不同，所以有了不同的結果。

第一組人雖然無欲無求，換個角度看，其實是一群不懂得如何生活的保守主義者，相較於他們，第二組人不僅懂得玩，更懂得克制自己的玩興，其中拿捏的尺度，正是無法掌握玩樂與工作的人應該好好學習的。

第三組和第四組都有著相同的問題，因爲太過沉迷於慾望享受而忘了最終目

的，他們雖然不像第五組人那樣無藥可救，卻也容易受到外物誘惑，隨時都有沉淪的危機。

第五組旅人的問題，相信聰明的你也看出了。像這樣執意享受物欲，而不考慮明天會如何的人隨處可見，從他們的身上我們經常發現價值觀偏差的迷失，以及生活態度的誤謬。

享受生活的方法很多元，但是玩樂的目的只有一個，是爲了讓緊繃的生活喘口氣，更是爲了讓旅程的下一步走得更加自在、自信。

苦盡甘來的滋味加倍甜美

世上沒有所謂不可能的任務，只要有決心和毅力，再艱難的任務也一定能完成。

聰明人都知道，生活如果太過平順，沒有偶來的風雨，根本無法眞正享受人生。從這個角度來說，爲了能夠品嚐到苦盡甘來的甜美滋味，現在多吃點苦頭又何妨。

當成功在望時，我們也明白了：「苦日子終究會走過，無論遇到多少艱難和辛苦，只要能嚐到滋味甜美的果實，一切都值得！」

一八九四年韓國爆發一場農民戰爭，半個世紀之後，作家朴泰源決心再現這一段歷史。從下定決心的那天開始，朴泰源日以繼夜地忙碌，經常通宵工作之下，身體很快地便出現問題。

首先出狀況的是靈魂之窗，他的眼睛突然開始模糊，視力急劇下降，醫生診斷之後告訴他：「你患了視神經萎縮症，視網膜已經有發炎的情況，目前你應該停止工作，好好地休息、檢查與治療。」

了解情況之後，朴泰源知道再不休息，雙眼不可能康復，但是卻始終都放不下手中的稿子：「不行，我不能在這個時候停下來！」

害怕一停手便再也找不回靈感的朴泰源，最後還是決定繼續工作，而且比之前更加積極，因為持續退化的視力正預告著失明的可能。

這天，他坐在灑滿陽光的窗前專心整理草稿，突然眼前一片黑，忍不住驚呼著：「老婆，天怎麼突然黑了？」

妻子聽見丈夫這麼說，先是一驚，接著抑制住情緒，心想：「老公真的失明了，不，一定會有奇蹟，也許下一秒鐘到來時，老公便能重見光明了，他現在看

見的是個假象！」

朴妻沒有回應丈夫的呼叫聲，只靜靜地等待時間走過，但過了好幾秒鐘，朴泰源的雙眸仍不見光明。

朴泰源忽然滿臉笑容地說：「老婆，我看見陽光了，它正在我的心中。啊，現在還跳進了我的腦海裡了，太好了，我將永遠生活在光明之中了！」

面對這突如其來的意外，朴妻一點也不責怪丈夫，甚至還對朴泰源說：「別再寫了，我的薪水足夠支持一家人的生活。」

但是，朴泰源搖搖頭，堅定地說道：「老婆，對我來說這是一個使命，我不能輕易放棄的！」

失明後的朴泰源請人做了一塊大小和稿紙差不多的紙板，並在板子上刻出一個個小格子，利用這個新發明的工具，繼續他的創作使命。

早上，妻子會幫他準備好紙和筆的位置，然後便上班去，下班回來後，便幫他重新謄寫一遍。

原以為走過了失明的這一關，誰知道命運在他克服障礙之後又出了道難題，這天傍晚，朴泰源忽然半身癱瘓了，雙手也不聽使喚。每位探視的朋友都力勸他：「別再寫了，身體要緊，你要好好休息。」

「不，我還可以用說的，還差一點點，如今對我來說是最好的時刻，我知道當別人過了一秒鐘時，我可是過了十年，只要能好好地爭取這一分一秒，我就很滿足了！」朴泰源堅決地對朋友們說。

一九七七年四月，用生命寫成的《甲午農民戰爭》終於出版了，為此政府還授予他兩枚一級勳章。

法國作家安德烈．紀德說過：「人人都有驚人的潛力，要相信自己的力量與青春，要不斷告訴自己：我就是命運的主宰。」

樂觀的人不會因爲困難而退縮不前，也不會因爲厄運而心生畏懼，不論遭遇再艱困的際遇，人都得保持積極樂觀的心態，試著從黑暗中找到亮光，試著從迷霧中尋找自己前進的方向。

一個人的生命到底有著多少可能，能創造多少奇蹟，恐怕連最先進的科學儀

器也測量不出來。

保持樂觀進取的態度，世上沒有所謂「不可能的任務」，只要有決心和毅力，再艱難的任務也一定能完成。

看著朴泰源堅毅不屈的人生遭遇，我們心中揚起的感動與尊敬更多於同情，也許生命本身是很期待「考驗」的，因爲沒有這樣的經歷，便無法體會人生的難得與珍貴吧。

歷經那樣多辛苦的過程的人，是否更能爲自己感到驕傲呢?當別人正無謂地浪費生命之時，你卻讓生命時間加倍延伸，讓「有限」成了「無限」。

別再抱怨，回頭望，如果你是揮汗走來，那麼你應該心存感謝，因爲若不是你堅持走過這段辛苦的路，今天怎能擁有這麼多?

你應該抱持著感謝心，繼續你未來的人生。

生活良品

50

把討厭的人，當成另類的貴人
〈自我激勵篇〉

作　　者　文蔚然
社　　長　陳維都
藝術總監　黃聖文
編輯總監　王郡凌
出 版 者　普天出版家族有限公司
新北市汐止區忠二街 6 巷 15 號
TEL / (02) 26435033 (代表號)
FAX / (02) 26486465
E-mail：asia.books@msa.hinet.net
http://www.popu.com.tw/
郵政劃撥 19091443 陳維都帳戶
總 經 銷　旭昇圖書有限公司
新北市中和區中山路二段 352 號 2F
TEL / (02) 22451480 (代表號)
FAX / (02) 22451479
E-mail：s1686688@ms31.hinet.net
法律顧問　西華律師事務所・黃憲男律師
電腦排版　巨新電腦排版有限公司
印製裝訂　久裕印刷事業有限公司
出 版 日　2022 (民 111) 年 5 月第 1 版
I S B N◉978-986-389-823-8　　條碼 9789863898238

國家圖書館出版品預行編目資料

把討厭的人，當成另類的貴人〈自我激勵篇〉／
文蔚然著.—第 1 版.—：新北市,普天出版
民 111.5 面；公分. - (生活良品；50)
I S B N◉978-986-389-823-8 (平裝)

普 天 之 下 · 盡 是 好 書
普天出版家族
Popular Press Family
凌雲
A-Plus Creative Company
文創